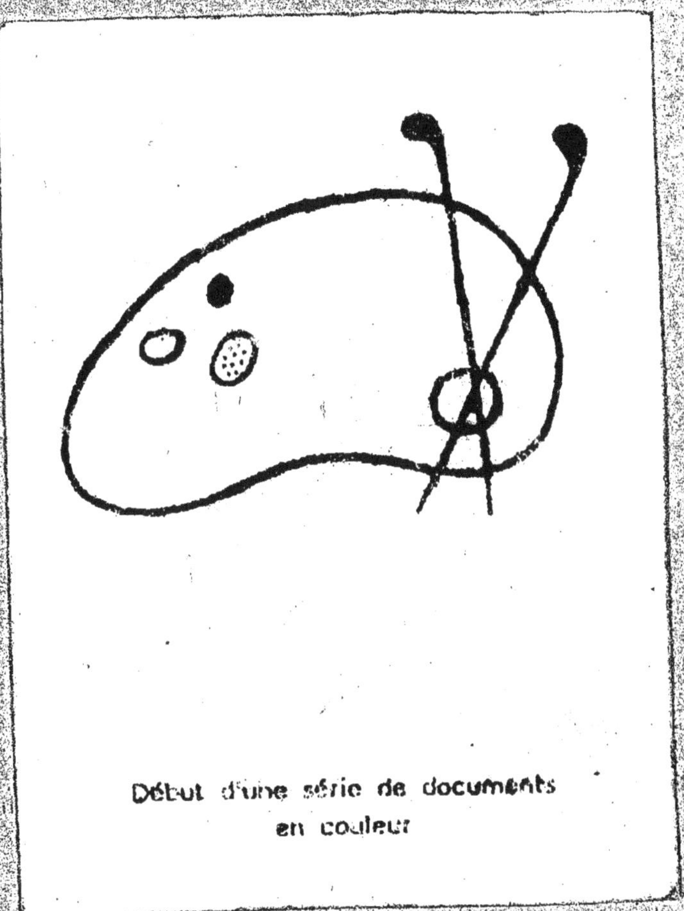

Début d'une série de documents
en couleur

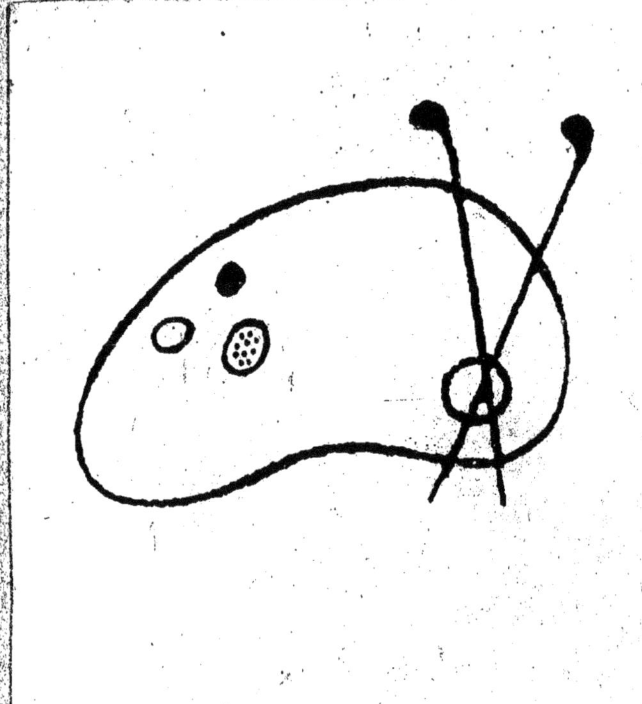

Fin d'une série de documents
en couleur

QUESTION NATIONALE

SUR L'AUTORITÉ ET SUR LES DROITS DU PEUPLE DANS LE GOUVERNEMENT.

Par M. l'Abbé BARRUEL.

A PARIS,
De l'Imprimerie de CRAPART, rue d'Enfer, n°. 129.

ERRATA.

Pag. 11, lig. 18. *à l'homme*. Ajoutez : *L'homme commande aussi aux animaux.*

Pag. 56, ligne 18, *droit* d'obéir : lisez : *devoir.*

Pag. 68, l. 9 : *produites* ; lisez *produits.*

Pag. 91, l. 7, *droits* ; lisez : *devoirs.*

Pag. 97, pour première ligne ajoutez : *faire ici, se réduiroit à dire : un.*

Pag. 108, dernière ligne : *cet ordre*, lisez : *cet être.*

Pag. 113, l. 7, *par y substituer*, lisez : *en y substituant.*

Pag. 124, l. 12, *vouliez nier*, lisez : *vouliez hier.*

Pag. 132, lig. 16 et 17, *les* ; lisez : *ces.*

Pag. 146, lig. 1, *la nature* ; lisez : *sa nature.*

Pag. 149, lig. 28, *Bale*, lisez : *Ball.*

Pag. 169, lig. 6, *donne aussi* ; lisez : *donne done aussi.*

Pag. 207, lig. 5, après *objet* ; mettez : virgule.

Pag. 213, lig. 5, *peaple*, lisez : *peuple.*

Pag. 217, lig. 14, *plus que l'intérêt* ; lisez : *plus l'intérêt*. Ibid., lig. 18, *le*, lisez : *se.*

Pag. 222, lig. 9, *ses* ; lisez : *les.*

PRÉFACE.

Au milieu de nos troubles religieux et politiques, les esprits légers et superficiels ne sont pas les seuls qui aient varié sur l'objet de cette discussion. J'ai vu des hommes graves hésiter le lendemain sur une opinion qui, la veille, leur paroissoit indubitable. J'en ai conclu que les lumières de l'évidence, les seules qui résistent à nos révolutions, n'avoient pas été répandues sur cette question, quelqu'intéressante qu'elle fût par elle-même. Les plus constans disoient ce qu'il faut croire d'après nos grandes autorités; mais on ne voyoit pas à quel point la raison et les démonstrations pourroient venir à l'appui de ces autorités. On distinguoit l'erreur par ses conséquences; on ne connoissoit pas assez la vérité par ses principes. En un mot, la question ne sembloit pas creusée, approfondie. Il importe pourtant qu'elle le soit;

on peut aujourd'hui plus que jamais, en concevoir la nécessité. Il importe que nous réunissions contre une erreur propice à tous les maux du peuple, toutes les armes de la vérité, du raisonnement, de l'évidence. En donnant cet essai comme le résultat de mes réflexions, j'aurai peut-être ouvert une nouvelle route ; d'autres pourront la parcourir avec plus de talens ; ils n'y porteront pas une persuasion plus intime que mon objet est mal rempli, si dans cette discussion ou dans tout autre, il m'échappe un seul mot qui puisse servir de prétexte à l'infraction des loix, aux abus de celui qui exerce l'autorité, aux troubles et aux malheurs du peuple pour lequel l'autorité existe.

QUESTION

QUESTION NATIONALE

SUR L'AUTORITÉ,

ET SUR LES DROITS DU PEUPLE DANS LE GOUVERNEMENT.

Nos législateurs philosophes ont dit : *le principe de toute souveraineté réside essentiellement dans la* Nation. *Nul corps, nul individu ne peut exercer d'autorité, qui n'en émane expressément.* Cet apophtegme, le troisième dans l'ordre de ceux qu'il leur a plu d'appeller *les droits de l'homme*, a paru évident à la multitude ; je n'en suis pas surpris, il la fait souveraine ; nous aimons tous un peu à dominer ; et qui nous flatte, est ordinairement assez sûr de ne pas trouver de notre part de bien

A

grandes difficultés à résoudre. Mais qui nous flatte, assez souvent nous trompe; et qui nous trompe, à la longue nous nuit. Cette multitude, que l'on appelle peuple, commence à s'en appercevoir. Depuis deux ans et demi qu'elle est souveraine, elle a fait bien des choses. Elle a pris la Bastille, elle a brûlé bien des châteaux, elle a fait sauter bien des têtes; elle a chassé la noblesse, dépouillé le clergé : on sait assez comment elle a traité son roi. On ne voit pas qu'elle en soit pl s riche, plus heureuse : il s'en faut de beaucoup. Elle est souveraine; et depuis qu'elle règne, l'ordre n'est nulle part; l'anarchie est par-tout, et par-tout le desordre entraîne la misère du peuple.

On nous dit : tout cela n'est qu'un mal passager; tout cela étoit nécessaire pour la révolution; pour bâtir, il falloit commencer par détruire impitoyablement; pour établir un bon gouvernement, il falloit se résoudre à ne plus laisser subsister les moindres vestiges de l'ancien. Avec le tems, l'ordre pourra renaître; les bases du nouveau gouvernement se consolideront, et le bonheur du peuple reviendra avec l'ordre. On le dit; je le desire bien sincèrement; je voudrois pouvoir le croire, mais je ne voudrois pas le croire aveuglément. Accoutumé à raisonner un peu mes espérances, je me suis dit: voyons d'abord les bases de ce gouvernement qui doit nous rendre si heureux. Si elles portent sur des vérités immuables, tôt ou tard le bonheur doit en naître; si les bases sont celles du mensonge, quelque flatteuse que soit l'erreur, la révolution auroit commencé sous les plus beaux auspices, que les suites en deviendront funestes. Quelque flatteuse que soit l'erreur, il est du devoir d'un bon citoyen de la dévoiler, lorsqu'il a quelqu'espoir d'y réussir. Mais ce moment est-il venu, s'il ne l'est pas encore, on peut le regarder au moins comme prochain; les esprits commencent à se calmer; on soupçonne dans le nouveau gouvernement quelque base trompeuse ; déja on se demande où peut être l'erreur fondamentale. D'autres pourront l'appercevoir ailleurs. J'ai cru la reconnoître dans ce principe même dont nos sages modernes ont fait la base de leur législation ; dans cette souveraineté nationale, dans cette prétendue source de toute autorité, dans cette opinion la plus flatteuse pour la vanité, mais qui pourroit bien être la plus inconciliable avec la vérité, et par conséquent la plus opposée au but de tout gouvernement, au bonheur du peuple.

Je veux l'examiner au moins, cette réelle ou prétendue souveraineté, dont on nous dit qu'émane expressément toute autorité dans le gouvernement politique. J'avoue d'abord que j'ai un bien grand préjugé contre ce grand principe « la souveraineté réside essentiellement dans la nation ; point d'autorité qui n'émane de la nation ». Je me suis souvent dit à moi-même : si j'avois à établir un principe d'anarchie et de désordre, un principe destructeur de tout gouvernement, il me semble que cette souveraineté du peuple se présenteroit très-naturellement à mon esprit; je défie qu'on en produise un seul qui favorise davantage l'insubordination, qui tende plus directement à la rendre générale, qui soumette plus strictement la loi à tous les caprices de la multitude, qui entraîne dès-lors des désordres plus grands et plus fréquens. Or peut-il bien se faire qu'ayant à établir un bon gouvernement, nous nous voyons forcés de recourir à un principe destructeur par lui-même de tout gouvernement? Si ce principe est vrai, sera-t-il en même tems le principe de l'ordre et celui du désordre, celui de l'autorité et celui de l'anarchie? Cela ne peut pas être. Je ne connois personne qui n'en convienne. Cependant au moment où nous sommes, ceux-là même qui soupçonnent l'erreur, n'y renoncent pas facilement. Cet argument leur laisse des nuages; en prouvant combien il est difficile que la même vérité soit le principe de toute autorité et celui de toute anarchie, il nous laisse toujours à demander comment la souveraineté peut résider ailleurs que dans la nation, comment l'autorité peut être légitime, et d'où elle pourra venir, si elle ne vient point de la nation ?

Pour répondre à ces questions, procédons avec un certain ordre ; n'imitons pas sur-tout nos modernes législateurs, qui tout en nous donnant leur apophtegme sur la souveraineté, sur l'origine de toute autorité, n'ont pas seulement daigné nous dire ce qu'ils entendent par ce mot autorité, par ce mot souveraineté. C'est une grande erreur à l'école de la philosophie que ces assertions vagues ou générales sur des objets qu'on n'a pas définis, et dont on ignore encore l'essence, la nature. C'est le vrai moyen de parler sans s'entendre, de disputer longtems sans convenir de rien, tandis que la nature des choses bien connue, ou bien qu'une définition bien saisie suffisent très-souvent pour nous mettre d'accord, pour nous rendre même tout honteux de nos longues contestations.

Pour obvier à cet inconvénient, commençons par fixer les notions de cette autorité dont nous cherchons la source. Disons d'abord, voilà ce que nous entendons par autorité, par souveraineté. Sans cette précaution, au moment où nous nous vanterions d'avoir fait la découverte, un philosophe pourroit venir nous dire : ce n'est pas là ce que vous aviez à chercher; ce n'est pas au moins ce que nous attendions de vos recherches.

Que faut-il donc entendre par ces mots autorité et souveraineté? Quelle en est la nature, quelles en sont les véritables notions? Tel sera l'objet essentiel de notre première question. D'où vient l'autorité, quel peut en être le principe? quelle en est l'origine? Cette seconde question traitée, nous pourrons en former une troisième: par quels moyens s'établit l'autorité; une quatrième enfin, quels sont les effets de l'autorité?

Nos résultats peut être seront moins flatteurs pour le peuple ; nous osons le croire, s'ils n'en sont que plus vrais, ils n'en seront pour lui que plus utiles. Que nos législateurs ne s'en offensent pas. Nos recherches sur l'autorité ne peuvent qu'ajouter au respect pour les loix de celui qui l'exerce. Mais des apophtegmes ne sont pas des loix. Un principe philosophique n'est pas un décret. On peut discuter l'un sans cesser d'observer l'autre. Pourquoi d'ailleurs au rôle de législateur ont-ils mêlé celui de philosophe ? Du trône de Zoroastre, de Solon, de Lycurgue, de Mahomet, ils sont descendus dans la poussière du portique, dans l'arène d'une philosophie ergotisante. C'est ici vraiment que tous les hommes sont égaux. Je n'y connois d'empire que celui d'un bon syllogisme, d'une démonstration en bonne forme. Procédons à la nôtre.

Je vous en préviens : je reviendrai souvent, j'insisterai sur des principes trop oubliés ; j'aurai quelques lecteurs auxquels il sufſiroit d'un premier chapitre sur les véritables notions de l'autorité pour en tirer toutes les conséquences les plus immédiates et les plus éloignées ; mais j'en aurai peut-être qui aimeroient encore à oublier ces notions fondamentales; et pour les inculquer, il faut les rappeller à leur attention malgré eux-mêmes. Pour que les préjugés ne l'emportent pas sur une impression passagère de la vérité, il faut les enchaîner par l'application forcée des principes et des conséquences. J'ai contre ces principes et ces conséquences, toutes les passions du jour, et même des hommes sans passion. Il faut déraciner leurs fausses notions ; il ne faut pas les fatiguer ; mais y auroit-il quelque indiscrétion à les prier aussi de m'accorder, sur-tout dans certains raisonnemens, toute l'attention qu'exigent des vérités profondes et très-certainement aussi intéressantes pour le gouvernement que pour la religion ?

CHAPITRE PREMIER.

De la nature de l'Autorité.

DEMANDEZ à la plupart des hommes ce qu'ils entendent par autorité, par souveraineté, ils vous répondront : j'ai autorité sur quelqu'un, quand j'ai droit de lui commander, d'exiger de lui ce que je veux qu'il fasse, de régler ses actions suivant ma volonte, en un mot de m'en faire obéir ; je serai souverain, si dans un empire j'ai le même droit de commander à tous ceux qui l'habitent. L'autorité est donc le droit de commander à d'autres que nous; la souveraineté est celui de commander à tous, et pour tout.

Il y a sans doute quelque chose de vrai dans cette définition ; mais combien elle est défectueuse et incomplette ! Son grand défaut surtout est de montrer le droit le plus étonnant qu'un homme puisse avoir sur un homme, sans indiquer l'objet même de ce droit, de confondre les droits les plus disparates sous une seule et même dénomination. Si l'objet de ces droits peut varier quant à l'essence même, il est évident que le droit d'être obéi, peut varier aussi dans son essence, et que de-là naîtront des autorités essentiellement différentes, qu'un même mot désignera peut-être, mais dont il sera important de ne pas confondre les notions.

Dieu commande et a droit de commander à tous les êtres; l'homme commande et a droit de commander à l'homme. Il est évident que ces droits de l'homme sur l'homme, de l'homme sur les animaux, de Dieu sur tous les êtres ne sont pas de la même nature.

L'autorité de Dieu sur l'univers est celle de l'ouvrier sur l'œuvre de ses mains. Comme il n'en est pas de plus juste, il n'en est pas de plus absolue. Son droit est tout entier dans la prééminence de l'auteur. L'usage, le pourquoi, et l'objet ne peuvent être que dans sa volonté et dans sa sagesse.

L'autorité de l'homme sur les animaux ne peut être que celle de la nature intelligente sur la nature brute. L'homme n'a point créé les êtres qui l'entourent ; mais tout lui dit qu'il peut les regarder comme créés pour lui, comme subordonnés à son bien être ; qu'il peut en faire les instrumens de son bonheur. Son utilité seule est le motif de son empire ; ses moyens sont la force et le génie. Son droit est dans la supériorité de sa nature, dans les dispositions même du créateur, qui l'autorisent à préférer son intérêt à celui des animaux ; à regarder comme créé pour lui tout ce qui est créé autour de lui. La loi comme l'objet de l'autorité qu'il exerce sur eux, est toute entière dans l'avantage qu'il peut en retirer. C'est pour son intérêt qu'il les met sous le joug, les accoutume au frein, et les plie à sa volonté.

Il n'en est pas ainsi de l'homme auprès de l'homme. La nature est la même pour tous ; nul ne peut dire à l'autre : je suis meilleur que toi. Tu peux n'être pour moi que l'instrument servile de mon intérêt. Ma volonté de droit domine sur la tienne ; tu vivras pour la suivre. Non, jamais la raison n'admettera ce langage. L'autorité de l'homme sur d'autres hommes, ne sera donc jamais fondée sur la prééminence naturelle de celui qui l'exerce, et de ses titres propres et personnels sur ceux qui obéissent. L'objet essentiel et juste de cette autorité ne sera pas l'intérêt même de celui qui commande, comme préférable à l'intérêt de ceux qui obéissent.

Quel pourra-t-il donc être cet objet ! il nous importe de le connoître, puisqu'il doit essentiellement fixer nos idées sur la nature de cet empire qu'un homme a pourtant droit d'exercer sur d'autres hommes.

La seule autorité fixée par la nature est celle du pere sur ses enfans. Ce n'est pas pour le pere qu'ils existent ; cependant elle les lui soumet ; elle rend son empire sur eux d'une nécessité indispensable. Elle ne lui a pas simplement donné le droit de leur commander, de plier leurs volontés à la sienne ; elle lui en a fait un devoir. Elle l'a chargé de leur conduite. S'ils s'égarent, elle s'en prend à lui ; s'ils se pervertissent, elle l'accuse de leur perversité ; s'il n'a pas fait ce qui étoit en lui pour les rendre bons, pour les diriger dans les voies de la vérité et du bonheur, s'il n'a pas veillé pour eux comme il veille pour lui-même, s'il n'a pas fait de leurs vrais intérêts ses intérêts propres ; elle lui fait un crime de leurs erreurs, de leurs pertes, de leur malheur ; elle le châtie par les remords, et si les remords ne lui suffisent pas, elle lui montre tous les supplices du méchant qui manque à ses devoirs les plus précieux et les plus rigoureux. L'autorité du pere sur ses enfans n'est donc pas simplement le droit de commander à ses enfans et de les gouverner. Elle est pour lui un vrai devoir, elle est même un devoir avant que d'être un droit : car pour rendre sensible la généalogie, voici ce qu'il faut dire : le Dieu de la nature a imposé à chaque pere le devoir de veiller sur ses enfans, de régler leur conduite. S'il en a le devoir, il en a donc le droit; il peut donc exercer son empire sur leur volonté même ; car il ne peut répondre d'eux qu'autant qu'ils auront fait ce qu'il leur prescrivoit, ou devoit leur prescrire, et qu'ils seront eux-mêmes tenus de lui obéir. Sa responsabilité est rigoureuse; il peut donc aussi rigoureusement exiger d'eux qu'ils marchent dans les voies, qu'il leur prescrit de suivre. Il est donc ici de toute évidence que c'est du devoir même que naît l'autorité. Je prie le lecteur de ne pas perdre de vue cette observation ; elle ne doit pas paroître nouvelle ; mais je doute que ceux qui ont traité de l'autorité aient jamais bien vu de quelle importance elle devient dans la recherche du vrai principe de toute autorité exercée d'homme à homme. Celle du père est toute fondée sur le devoir ; mais ce devoir même, pourquoi l'auteur de la nature l'impose-t-il au père ? Est-ce pour l'intérêt du père même, ou bien pour celui des enfans? La réponse se présente d'elle-même. C'est pour subvenir aux besoins des enfans, que le père est chargé de veiller sur eux. Toute l'autorité paternelle a donc pour objet primordial, essentiel, non pas l'intérêt même du père qui commande, mais l'intérêt des enfans qui obéissent. C'est pour eux qu'elle existe, c'est pour les préserver des dangers auxquels leur foiblesse les expose dans les premières années de la vie, pour opposer ensuite les lumières et les leçons de la sagesse, le frein même de la sévérité aux passions naissantes, et aux écarts de l'inexpérience.

Sans doute le chef de la famille aura aussi le droit de prescrire à ses enfans quelques objets qui peuvent n'intéresser que sa personne. Il pourra exiger d'eux les secours et les travaux nécessaires pour sa propre subsistance, pour le soulagement de ses propres malheurs. Sous ce point de vue, l'autorité paternelle, en prescindant même du précepte divin, seroit encore fondée sur une reconnoissance dont les droits se confondent avec ceux de la justice. Mais l'objet essentiel et primitif en est évidemment l'intérêt des enfans.

L'autorité paternelle est donc en elle-même et dans son essence *le devoir de prescrire aux enfans ce qui leur est utile, et le droit d'être obéi par les enfans.*

A ce devoir et à ce droit du chef répondent les droits et les devoirs de la famille ; droit d'être dirigée par le chef dans tout ce qui regarde le bien être de la famille, et devoir d'obéir, de se soumettre à la volonté du chef, dans tout ce qu'il prescrit pour le bien être de la famille.

Vous le voyez : ici l'autorité n'est plus cet empire que l'homme exerce sur des êtres d'une nature inférieure à la sienne. Ici rien n'est livré à l'arbitraire, à l'adresse, à la force, ou au simple desir de dominer. Ici tout est fondé sur la moralité même, sur la même base que la différence du juste et de l'injuste, des vertus et des vices. Et n'imaginons pas que cette idée de moralité, de devoir, soit uniquement attachée à l'autorité paternelle. Toutes les fois qu'il s'agira de l'empire de l'homme sur son semblable, elle reparoîtra dans toute sa force et toute son énergie. Nul ne pourra avoir sur des êtres de la même nature que lui, le droit de commander uniquement pour son propre intéintérêt, le droit de faire plier leur volonté sous la sienne, uniquement pour son plaisir; le droit de les faire servir d'instrument à son bonheur, sans se mettre en peine du leur. S'il existe un mortel qui exerce sur d'autres mortels une autorité de cette espéce, il règne sur des esclaves; et l'esclavage n'est pas un droit de la nature, il est le plus inconcevable de ses fléaux. S'il est juste, c'est comme ses vengeances; c'est comme le courroux du Dieu qui le fit naître de cet autre fléau;

le plus sanglant de tous. C'est comme la justice de ce Dieu, qui sans doute voulut humilier l'espèce, en nous montrant des êtres asservis comme la brute, parce qu'ils s'égorgeoient comme des tigres.

Un mortel est l'égal d'un mortel; ce n'est pas l'orgueil, c'est la nature même qui se révolte, et crie à l'injustice comme à la tyrannie, si un homme s'arroge sur des hommes, un droit qu'elle ne donne à l'homme que sur les animaux; s'il est un seul mortel qui, du système de ses plaisirs ou de ses intérêts, se fasse une raison qui autorise son empire sur quelqu'autre mortel que ce soit. La nature sans doute a voulu que des hommes fussent dirigés, commandés par des hommes; mais elle n'a pas pu le vouloir à raison d'une prééminence qui n'existe pas. Toute préférence uniquement fondée sur le caprice ou sur l'odieuse acception des personnes, n'entre pas dans les plans du Dieu de la nature; en créant l'homme égal à l'homme, il n'a pas pu lui dire : tu régneras sur l'homme, et ta volonté l'emportera sur celle de tes frères, parce que je t'ai fait supérieur à tes frères. Il n'a pas pu autoriser à se croire meilleur celui qui ne l'est pas, favoriser lui-même un orgueil qu'il déteste. S'il avoit fait les sujets pour les chefs, comme il a fait les troupeaux pour le pasteur, entre la nature des chefs et celle des sujets, il eût mis la distance qu'il met entre la nature du pasteur et celle du troupeau. Il est donc impossible que l'autorité exercée par l'homme sur ses semblables, ait jamais pour objet principal, l'intérêt de celui qui l'exerce. Il seroit trop absurde que sans valoir mieux qu'un autre, le monarque pût commander à des millions d'hommes, s'il ne devoit régner que pour lui-même. Il seroit trop absurde qee des millions de volontés fussent obligées de fléchir sous une volonté qui n'a pour elle ni prééminence, ni puissance. L'autorité publique aura donc essentiellement pour objet primordial, le bonheur public, comme l'autorité du père a pour objet le bonheur de la famille ; l'autorité publique comme l'autorité paternelle sera donc essentiellement et primordialement unie à l'idée d'un devoir, d'une obligation étroite, indispensable de veiller au salut de ceux qui obéissent ; ce devoir rigoureux de tout disposer, de tout ordonner pour la chose publique, sera donc antérieure ici, comme dans la famille, au droit de commander, de dominer sur les volontés mêmes. Il sera vrai de dire : la nature n'a fait des souverains que pour faire des pères du peuple, comme elle avoit fait des pères de famille.

Nous avons défini l'autorité paternelle, *le devoir de prescrire aux enfans ce qui leur est utile, et le droit d'être obéi par les enfans ;* par les mêmes principes nous devons définir l'autorité publique, *le devoir de prescrire ce qui est utile à la société, et le droit d'être obéi par la société.*

Dans cette société, comme dans la famille, à ces devoirs et à ce droit du chef répondront le droit et le devoir de la société ; droit pour tous d'être dirigés par le chef dans tout ce qui pourra contribuer au bien de tous ; devoir pour tous d'obéir au chef dans tout ce qu'il ordonne pour le bonheur de la société.

Telle est donc la nature, l'essence de toute autorité exercée par l'homme sur d'autres hommes. Elle est toute morale, elle porte uniquement sur des rapports moraux, sur des devoirs et des droits réciproques.

Mais cette autorité peut être restreinte à une partie des objets relatifs au bien être de la société, elle peut s'étendre sur plus ou moins de membres de la société. Celui qui préside comme magistrat, peut n'être pas chargé de diriger la force publique ; celui qui maintiendra la police intérieure, peut n'avoir pas à prononcer sur les contributions générales; l'autorité peut être graduée, subordonnée, partielle. Celui-là seul sera *souverain*, qui réunissant toutes les parties de l'autorité publique, sera aussi chargé de veiller sur toutes les parties de l'Etat; celui-là seul sera souverain qui sera pour l'Etat, ce que la tête est pour le corps, qui réglera les fonctions de chaque agent inférieur, qui distribuera à chacun des agens la partie de l'autorité convenable à leurs fonctions; qui, les tenant tous dans sa dépendance, pourra les surveiller, les révoquer, la maintenir, suivant qu'ils seconderont plus ou moins le grand objet de toute autorité publique, le bonheur de l'Etat. Nous appellerons donc *souveraineté*, la réunion de toutes les autorités particulières, c'est-à-dire, de tous les *devoirs* qu'impose, de tous les *droits* que confère le soin général des intérêts et du bonheur public.

La souveraineté résidera dans un seul, si un seul est chargé de remplir ou de faire remplir tous les devoirs, et réunit en même-tems tous les droits de l'autorité publique. C'est ce que l'on avoit entendu jusqu'ici, et n'en déplaise à nos législateurs modernes, c'est que nons entendons encore par *monarchie*, et c'est absolument ce qu'il faut entendre par *monarchie*, à moins qu'une absurdité singuliére ne nous fasse craindre de changer l'expression bien plus que la chose; à moins que pour séduire le peuple et pour tromper son affection pour la monarchie, on ne lui livre les mots en dénaturant le gouvernement, puisque *monarque* dérivé et formé de *monos*, *et d'arke*, signifie à la lettre, *solus arcens*, *solus protegens*, *solus regens*, seul réprimant, seul surveillant, seul gouvernant.

La souveraineté réside dans plusieurs, et devient collective, quand elle réside dans un corps composé de plusieurs, comme un sénat, ou dans une assemblée dont tous les membres, collectivement pris, sont chargés de tous les devoirs, jouissent de tous les droits attachés à tous les soins qu'exige l'intérêt général, quoique nul de ces membres, pris individuellement, n'ait ces dispositions à faire pour l'intérêt général. De ces as-

semblées

semblées diversement combinées, et plus ou moins mélangées des citoyens de conditions diverses, les aristocraties, les républiques, les gouvernemens mixtes.

Si je remarque ici que, d'après la définition de Rousseau même, la véritable aristocratie est le gouvernement dont les fonctions sont distribuées aux citoyens par voie d'élection, on croira que je fais cette observation pour montrer les vrais aristocrates dans cette assemblée même, et précisément dans les membres de cette assemblée qui n'ont fait du mot d'aristocrate l'épouvantail du peuple, que pour s'ériger eux-mêmes en vrais aristocrates, pour changer la monarchie en aristocratie. Cependant toute mon intention est de montrer la vérité, sans aigrir les esprits. Tout ce que je conclus de cette observation, c'est combien d'un côté il est plaisant de voir sous le nom de démocrates, les vrais aristocrates triompher et poursuivre comme aristocrates, ceux dont tout le crime étoit de s'opposer au changement de la monarchie en aristocratie; c'est d'un autre côté combien il est triste de voir le peuple devenir le jouet de ceux qui savent le conduire, diriger ses fureurs, en faire l'instrument de toutes leurs passions, à la faveur de quelques mots qui frappent ses oreilles, sans qu'il ait jamais pu en saisir le vrai sens.

Quels que soient les noms, quelle que soit la forme des gouvernemens, là où se trouveront réunis tous les devoirs qu'impose l'obligation de veiller sur le bonheur général, tous les droits nécessaires pour remplir ces devoirs; là sera toute l'autorité; là sera la SOUVERAINETÉ.

Suis-je venu à bout de me faire entendre! Le lecteur doit conclure combien fausse est l'idée de ceux qui, dans l'autorité, ne voient autre chose que ce droit si flatteur de commander aux autres, de faire prévaloir sa volonté propre sur la volonté des autres. Nos pères n'étoient pas dans cette erreur; ils avoient mieux conçu le grand objet de l'autorité, quand ils en désignoient les diverses parties par ces mots de *charge*, *d'office*, *munus*, *officium*, expressions qui toutes annoncent le *devoir* comme l'essence même de l'autorité.

En effet, le devoir suppose essentiellement le droit ; il n'en est pas de même du droit pour le devoir. J'ai droit à une chose qui m'a été ravie injustement ; je puis la requérir ; je n'y suis pas obligé. Mais mon devoir est-il de veiller sur vous, et de vous diriger ; j'ai raison d'en conclure : donc j'ai droit à tout ce qu'exige cette direction, droit de vous commander et droit d'être obéi ; donc l'idée de devoir, quand il sagit d'autorité humaine, est antérieure à l'idée de droit. Le devoir est uni à l'autorité, comme l'objet à son essence, et le droit simplement comme tous les moyens d'atteindre cet objet.

Parvenus à ce point d'évidence sur la nature de l'autorité et de la souveraineté, bien des vérités se présentent à nous comme autant de conséquences naturelles de ces notions fondamentales.

10. J'en suis fâché pour vingt-cinq millions de souverains; mais la première et la plus naturelle de ces conséquences, détruit en un clin d'œil tout leur empire. La souveraineté est essentiellement le devoir de veiller et de tout gouverner pour le salut de tous, le droit d'être obéi par tous, en gouvernant pour le salut de tous; il est absurde que tous aient le devoir de gouverner, ou de veiller sur tous; que tous aient le droit d'être obéis par tous; donc il est absurde que tous soient souverains dans un empire.

Soit collectivement, soit par chacun de ceux qui le composent, il est toujours absurde que celui-là gouverne, dont le salut précisément exige qu'il soit gouverné; c'est précisément le salut du peuple, pris collectivement ou dans chacun de ses individus, qui exige que le peuple soit gouverné, dirigé par les chefs; donc il est absurde que le peuple pris collectivement, pris dans chacun de ses individus, soit souverain.

Plus le peuple est nombreux, plus son salut exige qu'il soit dirigé, surveillé, commandé : donc s'il est absurde qu'un peuple soit souverain, l'absurdité s'accroît en raison même des vingt-cinq millions d'individus qui peuvent composer la nation.

Vous ferez des efforts, vous nous opposerez vos suppositions, vos systêmes et vos contrats, pour repousser cette première conséquence ; nous écouterons vos systêmes, nous lirons vos contrats ; mais nous vous prévenons que cette conséquence n'en deviendra que plus évidente. Si elle vous paroît humilier l'orgueil du peuple, lisez-nous, et voyez que moins flatter sa vanité, c'est rechercher plus franchement son vrai bonheur.

2°. L'autorité dans celui qui l'exerce, est essentiellement le devoir de gouverner pour le bonheur de ceux qui obéissent ; donc la première des lois, comme la première de toutes les vérités, comme le premier des devoirs en fait de politique et de gouvernement, est le salut du peuple ; donc malgré tous les moyens d'oppression que peut fournir le droit d'être obéi, celui-là sera essentiellement coupable qui usera de ces moyens pour le malheur de ceux qui obéissent, ou qui négligera sensiblement les moyens que le droit d'être obéi lui donne pour les rendre heureux.

3o. La souveraineté consiste dans le devoir de veiller en général, de tout disposer pour le salut de la société, et dans le droit d'être obéi par toute cette société. Il n'est pas impossible que ce devoir et ce droit résident dans un seul; c'est-à-dire, il n'est pas impossible qu'un seul individu soit chargé du bonheur de plusieurs, d'une société entière; il est même souvent très-utile que le soin général de ce bonheur repose sur un seul. Cette utilité peut devenir une nécessité, quand le nombre des individus pervertissant les volontés particulières, variant les intérêts, multiplie les obstacles au bonheur général. Il est possible, souvent même utile, que la souveraineté soit dans la volonté directrice et modératrice d'un seul pour le bonheur de plusieurs et d'un grand nombre; donc un individu peut être souverain d'une grande société, d'une grande nation.

4°. L'autorité, la souveraineté supposent essentiellement dans ceux qui sont gouvernés, le devoir d'obéir; et la force, et la ruse, et le nombre, ne dispensent pas du devoir, ne font pas cesser l'obligation. La cité plus forte que le magistrat, la nation plus forte que les chefs, n'effacent ni les devoirs et les droits des chefs, ni les droits et les devoirs des citoyens; la transgression des mêmes devoirs par plusieurs, n'est qu'un même crime répété par plusieurs; donc le nombre des insurgens, loin de légitimer la désobéissance, ne fera qu'ajouter au nombre des coupables; donc c'est une idée bien étrange, et souverainement absurde, que celle d'une insurrection devenue le plus saint des devoirs, parce qu'elle est devenue générale; donc l'insurrection de tous, contre l'autorité d'un seul, est le crime de tous contre un, comme la trahison de la patrie par un seul, seroit le crime d'un seul contre tous.

Telles sont les conséquences directes, évidentes des véritables notions de l'autorité, de la souveraineté. Nous en avons exposé la nature, essayons d'en découvrir la véritable source, le principe.

CHAPITRE II.

Du principe de toute autorité et souveraineté.

En cherchant le principe de toute autorité, prenons garde d'abord à ne pas le confondre avec l'objet même de l'autorité, avec la fin, la cause pour laquelle elle existe. Ce principe sera, non pas dans celui pour lequel elle est donnée, mais dans celui qui la donne. S'il faut nous expliquer, disons : l'autorité a été donnée aux pères pour les enfans, aux maîtres pour les disciples; assurément, ce ne sont pas les enfans qui ont donné l'autorité à leurs pères, ce ne sont pas les disciples qui la donnent aux maîtres.

Distinguons encore ici du principe d'autorité, ce qui pourroit n'en être que l'occasion, ce qui pourroit en être le choix, sans en être la source même. Cette jeune épouse a fait choix d'un époux; ce n'est pas elle-même qui donne à cet époux l'autorité qu'il doit avoir sur elle et la famille. Elle se donneroit souvent l'empire à elle-même, s'il lui appartenoit d'en disposer, si la nature ne l'assuroit à l'époux.

Sans prétendre mêler les objets spirituels aux objets civils et temporels, pour rendre plus sensible la différence qu'il y a entre le choix et le vrai principe d'autorité, je voudrois vous dire : quand on a prétendu que le peuple avoit droit d'élire ses évêques et ses curés, on n'a pas porté l'extravagance jusqu'à dire que le peuple donneroit à ces pasteurs leur véritable autorité ; chacun sait que ce choix n'est qu'un vœu formé, manifesté, pour que cette autorité leur soit conférée par celui qui seul peut la donner. Tenons-nous en à d'autres exemples ; quand les villes nomment leurs échevins ou leurs consuls, sous le régime d'une vraie monarchie, après ce choix il reste encore à autoriser l'élu ; il ne peut par remplir ses fonctions, il n'en a point l'autorité jusqu'à ce que le monarque ait mis le sceau à cette élection ; le choix et le principe, la vraie source de l'autorité ne sont donc pas la même chose.

Quel sera-t-il donc ce vrai principe ; quel sera celui que nous regarderons comme la conférant véritablement ? Pour répondre à cette question, revenez aux notions même de l'autorité. Nous avons vu qu'elle consiste essentiellement dans le devoir de gouverner pour le bonheur de ceux qui obéissent, et dans le droit à leur obéissance. Celui-là seul peut donc être censé donner et conférer l'autorité, qui seul impose ce devoir sans lequel elle n'existe pas, et avec lequel elle est toujours suivie de tous ses droits et de tous ses rapports. Celui-là seul vous donne autorité sur moi, qui seul vous impose, à vous, le devoir de me diriger vers mon bonheur ; qui m'impose, à moi, le devoir de vous obéir ; qui, de ce double devoir, fait naître un double droit. l'un pour vous, celui d'être obéi ; l'autre pour moi, celui d'être gouverné, commandé, conduit par vous, dans tout ce qui regarde mon bien-être. Si vous me prévenez, tant mieux, si vous sentez déjà à quelle hauteur il faut nécessairement s'élever pour découvrir quel est le seul être dont la volonté puisse agir ainsi sur votre volonté et sur la mienne; c'est une preuve que vos préjugés ne tiennent plus contre des notions claires et précises. Mais je le vois bien, il vous en coûte de remonter si haut; vous cherchez autour de vous; vous y voyez des individus et un peuple; on vous a parlé d'un contrat social; voyons donc ces individus et ce peuple, et ne rejettons pas même ce contrat social; écartons d'abord tout faux principe d'autorité, en arrivant au vrai, nous en serons plus disposés à l'admettre.

Dans cet objet je commence par établir ces deux propositions.

1º. Entre des individus indépendans, il est impossible que l'autorité naisse ni de leur volonté individuelle, ni du concours de leurs volontés, ou bien de leurs contrats.

2°. Entre la société et des individus, ni la société, ni les individus, ni leur concours ou leur contrat ne peuvent créer l'autorité.

Ici vous pourriez faire une difficulté; vous nous diriez : sans doute, la société, la nation ne crée point l'autorité; ce seroit se créer elle-même. Vous ajouteriez : l'autorité, la souveraineté est inhérente au peuple; par-tout où il existe un nombre d'hommes suffisant pour former un peuple, là existe essentiellement la souveraineté. Pour répondre à cette difficulté, nous établirons une troisième proposition; nous vous dirons :

3°. Cette autorité, que nul individu, que nulle société ne peut créer, n'est point inhérente à la nation même : la souveraineté n'existe point par-tout où ces millions d'hommes sont supposés exister. En un mot, la souveraineté n'existe point dans la nation.

4°. Quand nous aurons détruit vos préjugés, toutes ces prétendues causes génératrices de l'autorité, vous préviendrez peut-être de vous-même une quatrième proposition ; vous serez au moins plus disposé à nous entendre dire et démontrer cette quatrième vérité sur l'objet de nos recherches.

Le principe générateur et seul générateur de toute autorité sur l'homme, est essentiellement un Etre supérieur à l'homme.

5o. Enfin une cinquième proposition vous montrera quel est cet Etre supérieur à l'homme, et qui seul peut donner autorité sur l'homme. Mais, suivez, je vous prie, le fil de nos démonstrations. Rejettez-les, si elles ne sont pas rigoureuses ; nous ne demandons pas le sacrifice d'une erreur, pour établir une autre erreur. Lisez-nous dans la disposition franche d'embrasser la vérité, quelque opposition qu'elle ait avec vos préjugés. C'est le seul sacrifice que nous vous demanderons.

PREMIÈRE PROPOSITION.

Entre des individus indépendans, il est impossible que l'autorité naisse, ni de leurs volontés individuelles, ni du concours de leurs volontés.

1°. Je vous en prie, lecteur, ne vous étonnez pas si nos raisonnemens vous semblent rigoureux; pour qui cherche franchement la vérité, il n'est pas question de complaisance, mais de démonstration. Nous avons découvert la nature, l'essence de l'autorité; il n'est pas question de fléchir sur les conséquences; il faut savoir les suivre, et ne pas se laisser effrayer de leur opposition à tous nos préjugés.

Ne perdons pas de vue cette vérité fondamentale. Toute l'autorité n'est qu'un double rapport de devoirs et de droits entre celui qui commande et celui qui obéit. Pour que ma volonté ou la vôtre produisent l'autorité, il faut essentiellement que vous ou moi puissions nous imposer ces devoirs mutuels, nous conférer ces droits. Vous ne prétendrez pas sans doute que ma volonté puisse vous imposer le devoir de m'obéir ; vous ne prétendrez pas, non plus, que la vôtre suffise à m'imposer le devoir de veiller sur vous, à me rendre responsable de vos égaremens comme de vos malheurs. M'imposer ce devoir, ce seroit dominer sur ma volonté même ; me donner vraiment autorité sur vous, ce seroit commencer par l'exercer sur moi. D'où vous viendroit ce droit sur votre égal ? Vous trouveriez absurde celui que je m'arrogerois en vous faisant un crime de résister à ma volonté ; sera-t-il moins absurde que vous prétendiez me faire un crime de ne pas diriger la vôtre et vos actions ? Il est donc impossible que ma volonté seule me donne autorité sur vous, par cela seul qu'elle ne peut vous faire un vrai devoir de m'obéir ; il n'est pas moins absurde que la vôtre suffise pour me donner autorité sur vous, puisqu'il est tout aussi impossible qu'elle seule m'impose le devoir de vous gouverner. Ce que je dis et de vous et de moi, je pourrai le dire de tout individu. Il est donc impossible que l'autorité, parmi des hommes, devienne le produit de quelques volontés individuelles.

2o. Unissons ces volontés, faisons-les concourir par des promesses mutuelles ; supposons un contrat ; vous promettez de m'obéir, si je veux vous gouverner, vous prescrire ce qu'exigent vos intérêts ; je promets de répondre à ce vœu à condition que vous m'obéirez. Je vous étonnerai peut être ; mais je le dirai, parce que c'est la vérité même : si nul autre que vous et moi n'intervient dans ce contrat, il ne produira point l'autorité ; il ne fera point naître ces devoirs et ces droits, qui seuls la constituent. Pour vous le démontrer, épurons le langage de nos philosophes du jour. Ils vous ont dit : personne ne se commande à soi-même. « Il est absurde que la volonté seule se donne des chaînes. » (Contrat social, l. 2, c. 1).

Il vous ont dit très-vrai, s'ils entendent ; 1°. que le devoir de l'homme ne provient jamais pour lui de sa volonté seule ; 2°. que sa promesse même n'est qu'un devoir illusoire, quand elle n'a d'objet que son propre intérêt. Je puis m'engager pour un service à rendre. Si ma promesse de ce service est acceptée, elle est un vrai devoir, non parce que j'ai créé pour moi ce devoir, mais parce que la violation de cette promesse iroit contre un devoir déja existant, et blesseroit les intérêts d'autrui. Vous avez pu promettre ce don, ou ce service ; un autre a pu accepter la promesse ; son intérêt est que vous l'observiez. Vous ne pouvez plus la rétracter validement, à moins qu'il ne rétracte aussi l'acceptation ; puisqu'il faudroit ici disposer non plus de votre intérêt seulement, mais encore du sien. Je puis donc m'engager pour un service à rendre ; mais puis-je m'engager pour un service à recevoir ? J'ai promis d'accepter mille écus ; cette promesse n'est pas un vrai devoir ; il seroit trop absurde de me dire coupable, parce que je ne veux plus accepter cette somme. De même, j'ai promis d'entreprendre un voyage pour mon plaisir ou mon intérêt seul ; je rétracte ma volonté sans crime. Une pareille promesse ne fondera jamais un vrai devoir ; or telle est essentiellement la promesse qui devroit me donner autorité sur vous. Vous avez promis de m'obéir ; vous l'avez promis pour votre intérêt seul ; par la nature même de l'autorité, je n'acceptois cette promesse que pour votre intérêt. Cette promesse en vous n'est pas un vrai devoir ; il ne m'appartient pas d'ajouter de moi même au devoir que vous vous imposez ; je l'accepte tel que vous avez pu vous l'imposer ; donc mon acceptation ne vous fera jamais un vrai devoir de m'obéir ; donc, ni votre promesse, ni mon acceptation ne me donneront pas un vrai droit de vous commander ; donc le concours même de nos volontés, donc tout notre contrat ne produira pas une vraie autorité.

Vous le sentez bien vous même, en me faisant cette promesse. Vous vous dites déja : ce qu'on a fait pour son intérêt seul, on peut toujours le défaire sans crime, quand on peut le défaire sans nuire à d'autres intérêts ; vous le sentez, toute l'obligation de ce contrat est illusoire. Vous le sentirez bien mieux, aussi-tôt qu'un nouvel intérêt, une simple fantaisie, où le caprice viendront changer votre disposition.

Alors vous nous direz : c'étoit uniquement pour mon intérêt que je vous promettois de me soumettre à vous. Si ma volonté change avec mon intérêt, le vôtre n'en sera point blessé, puisqu'il n'entroit pour rien dans ma promesse, puisque tout le devoir de votre autorité étoit pour moi, et non pour vous. Si je vous dois de la reconnoissance pour les soins avec lesquels vous m'avez dirigé jusqu'ici, les devoirs de la reconnoissance m'engagent à vous rendre service pour service, à vous secourir, à vous protéger, si l'occasion s'en présente. Ces devoirs ne sont pas ceux de la soumisson ; ils en sont indépendans ; ils sont d'un autre genre. Ne m'objectez point ma promesse d'hier ; elle étoit toute pour moi ; je la change pour moi, parce que je suis maître de ma volonté, quand je puis la changer sans vous blesser. Loin de vous faire tort, si je vous ôte un droit sur ma volonté, pensez que vous ôter ce droit, ce n'est que vous décharger du devoir de veiller sur moi. Il peut y avoir légéreté, inconstance dans ma conduite ; il n'y a pas injustice. Ce prétendu devoir de vous obéir n'étoit en un mot que l'effet de ma volonté, il étoit tout pour moi ; il répugne que je m'enchaîne moi-même pour moi-même ; je n'ai donc pas pu me faire à moi-même un vrai devoir de vivre sous vos ordres. Vous n'avez donc pas pu en conséquence de ce prétendu devoir, acquérir un vrai droit à mon obéissance. Ce contrat peche donc par sa base même ; puisqu'il porte tout entier sur un devoir que vous n'avez pas pu m'imposer, sur le domaine de ma volonté, que je n'ai pas pu vous transporter; il ne produit donc pas une vraie autorité.

Que celui qui me lit sonde ici le fond de son cœur, et qu'il dise si ce n'est pas le langage qu'il tiendroit lui-même, toujours en supposant que nulle cause supérieure à sa volonté, capable d'enchaîner sa volonté, n'intervînt dans ce contrat.

Si la démonstration n'est pas complette, nous pouvons ajouter: en faisant abstraction de toute autre puissance, les volontés humaines, quel que soit leur concours, ne produiront jamais des droits supérieurs à la nature humaine; sans une autre puissance, ce concours ne pourra pas créer de vrais devoirs dans un empire où le pouvoir de l'homme est absolument nul. Il est nul dans les régions de la moralité; il est nul sur toute autre conscience que la sienne; l'homme ne crée pas des devoirs où ses regards ne sauroient pénétrer ; où il ne peut ni juger, ni connoître. Tout le concours des volontés humaines ne crééra donc pas des droits et des devoirs uniquement moraux, des réciprocités de droits et de devoirs uniquement fondées sur la moralité, dans cette région des consciences, où tout homme est nul pour un autre homme. La promesse de m'obéir ne me donnera pas action sur votre conscience ; la promesse de vous diriger ne vous donnera pas action et puissance sur la mienne. Où cette action est nulle, tout vrai devoir est nul ; ce n'est donc pas à l'homme qu'il appartient de créer sur l'homme même des droits et des devoirs moraux ; ce n'est donc pas à l'homme qu'il appartient de créer les devoirs et les droits de l'autorité, c'est-à-dire, l'autorité elle-même.

Quelles concourent toutes, ces volontés humaines ; réduites à elles seules, elles pourront regner par des moyens humains, dans ces régions où l'homme peut atteindre ; leur empire, dès-lors, sera tout extérieur ; les moyens seront tous dans l'adresse et la force ; mais si l'autorité est dans la force, c'est celle des lions ; si elle est dans l'adresse, c'est celle du plus méchant. J'échappe à l'une et à l'autre quand je puis ; elles peuvent me faire esclave ; elles ne me font pas un devoir de ma soumission ; elles ne feront pas autorité.

Dites-moi, vous en êtes le maître, qu'il en sera de même de tout autre contrat, que dans aucune espèce de contrat, si nul être supérieur n'intervient, ou n'est supposé intervenir, il n'y aura ni devoirs ni droits moraux ; le principe pour être général, n'en sera que plus vrai. Il le sera doublement pour ce contrat que vous croyez la source de l'autorité. Il le sera d'abord, parce que l'homme en général, ne crée rien pour l'homme, dans l'empire de la moralité. Il le sera plus spécialement, quand il s'agit d'un pacte dont vous attendriez l'autorité.

Dans tout autre pacte, je conçois que l'homme renonçant à ce qui

qui lui appartient, peut en abandonner le domaine à un autre homme. Il peut livrer son champ, et tout autre pourra le posséder ainsi que lui ; mais il ne peut pas livrer sa volonté et sa conscience à celui qui n'aura aucune action sur elle. Il peut livrer un domaine physique, extérieur ; il ne peut pas livrer un domaine, tout intérieur et tout moral, à celui qui ne peut pas atteindre ce domaine. S'il est vrai que nul pacte, en s'en tenant à l'homme, ne crée ni les devoirs ni les droits de la moralité, il est donc doublement vrai que nul pacte, nul concours de volontés purement humaines ne crée les devoirs, ni les droits de l'autorité.

DEUXIEME PROPOSITION.

Entre la société et les individus, ni les individus, ni leur concours, ou leurs contrats, ne peuvent créer l'autorité.

Lorsque j'ai établi cette proposition, je m'attendois bien que vous ne verriez plus qu'une conséquence toute naturelle de la démonstration que vous venez de lire. Dès qu'il est dit que l'action de l'homme est nulle et ne sauroit créer ni droits, ni devoirs moraux, la société n'étant qu'un assemblage d'hommes, il est clair que son action et celle de tous les individus sera également nulle dans cet empire. Que cette société augmente, qu'on la porte à des millions d'hommes ; en ajoutant au nombre, vous ajoutez à la force, à la puissance physique, vous n'ajoutez pas à la puissance morale ; vous ne donnerez pas à cette multitude une action que nul ne peut avoir sur ma conscience. Ils créeront les droits que crée la force, ils ne créeront pas ceux de l'autorité. Il seroit superflu d'insister sur cette conséquence, si ce n'étoit ici la vraie place d'une objection que notre intention n'est pas de dissimuler. Ici on ne dit pas la société crée l'autorité, mais toute autorité est essentiellement unie à la société. Quand cette société est de vingt-cinq millions d'hommes sur-tout, quand elle forme une grande nation, on nous dit, la souveraineté n'est pas créée par la nation, elle est inhérente à la nation; elle est la nation même; elle existe, et ne peut exister que dans la nation, qui dès-lors, seule source de toutes les espèces d'autorité, les distribue toutes et peut seule les rendre légitimes.

Voilà ce qu'on nous dit, et pour nous rendre toutes ces assertions plus sensibles, d'abord on nous transporte à ces premières époques, ou vraies ou fabuleuses, qui nous montrent des millions d'hommes libres encore comme l'air, sans loi, sans roi, sans gouvernement. Là on voit, par exemple, les Gaulois, nos pères, au moment où ils veulent se donner un chef. Ils abordent Pharamond, et lui tiennent à-peu-près ce langage. « Nous avons besoin, pour vivre heureux et unis entre nous, d'un chef qui nous gouverne, et qui dirige tout pour le bonheur de tous. Nous avons jetté les yeux sur vous; promettez de nous bien gouverner;

nous promettons de vous obéir. Si vous ne voulez pas, nous offrons à un autre la couronne et notre fidélité. Pharamond accepte, promet de gouverner de son mieux; la nation lui promet fidelité, obéissance. Voilà le pacte primitif. Le roi peut commander, il sera obéi. Voilà l'autorité établie sur sa tête, continuent nos sages. Vous ne le niérez pas, c'est la nation qui lui en transporte l'exercice; c'est donc de la nation qu'émane cette autorité du roi; c'est de la même source qu'émaneront toutes les autorités partielles des agens subalternes. Comme elle en a donné l'exercice par ce pacte, elle pourra les reprendre toutes en renonçant au pacte dont elle ne peut cesser d'être maîtresse, puisqu'elle n'a pu contracter que pour son bonheur. Donc la souveraineté, principe de toute autorité partielle, réside essentiellement dans la nation."

Vous triomphez, hélas! C'est ici que je dois dire : j'en suis fâché pour vous et pour tous ceux dont ce raisonnement flatte la vanité, pour ceux qu'il éblouit, pour ceux qui en nous le faisant, se croient au moins la vingt millionième partie de la souveraineté. Mais ces messieurs fussent-ils le souverain tout entier, il est un empire dans lequel toute leur autorité ne vaut pas celle d'un syllogisme ; et dans cet empire, nous oserons leur dire, qu'avec un peu de réflexion, toute cette prétendue souveraineté n'est dans leur supposition même, qu'une suite de sophismes et d'absurdités. C'est ce que nous allons établir avec notre troisième proposition.

Troisieme Proposition.

La souveraineté n'existe pas dans la Nation.

Si la souveraineté doit exister dans la Nation, c'est avant le contrat social, ou pendant ce contrat, ou après ce contrat. Cette division nous force à considérer la Nation sous cette triple époque ; divisons notre démonstration par ces époques même ; ne craignons pas de dire toute la vérité.

1°. Il est absurde d'imaginer avant le pacte social, la souveraineté existante dans tous ces millions d'hommes, ou dans la nation.

2°. Il est absurde que cette souveraineté existe dans la nation au moment de ce pacte social.

3°. Il est absurde que par la cessation de ce pacte social, la nation recouvre la souveraineté.

Ces propositions vous étonnent! Elles n'auront pas même le mérite d'être hardies, quand vous verrez combien elles sont faciles à démontrer.

1°. Vous commencez par me montrer des millions d'hommes parfaitement libres encore, sans loi, sans gouvernement, et vous me dites : voilà la souveraineté, voilà le principe de toutes les autorités; c'est-là qu'elles résident. C'est-là votre langage, et vous croyez parler en philosophe! Je suis honteux de vous le répéter : mais et vous, et tous ceux qui nous disent sans cesse : voilà la souveraineté dans la nation d'abord composée de tous ces Gaulois, nos ancêtres, aujourd'hui composée de vingt-cinq millions d'hommes héritiers de leur pacte et de toute leur souveraineté ; je vous en conjure, pesez donc, méditez le sens de ces paroles : Voilà la nation souveraine. J'en suis sûr, elles ne vous échappent que par cette habitude trop commune d'appliquer, d'accoler les unes aux autres, des expressions dont on n'a pas la vraie signification présente. Non, vous n'avez pas vous-même dans l'esprit ce que vous affirmez ; vous le dites, parce qu'on vous l'a dit ; vous le dites, parce que vous n'avez que des idées vagues, confuses, habituellement fausses et rien de précis, de bien conçu, de fixe sur ce mot *souverain*. Souvenez-vous en donc, de peur d'en faire encore une application si étrange et si insignifiante. Souvenez-vous en donc : le vrai souverain est celui qui réunit en soi toutes les autorités, c'est-à-dire, celui qui est chargé de tous les soins qu'exige le salut de toute la nation, celui qui réunit dans sa personne tous les droits nécessaires pour remplir tous ces devoirs, celui qui a le droit de commander à tous, d'être obéi par tous dans ce qui a rapport au salut de l'état. Non, vous n'avez pas eu cette vraie signification du mot souverain présente à votre esprit, quand vous avez dit, avant le pacte même qui devoit unir nos pères à leur roi : Voilà la nation souveraine. Vous n'avez pas voulu nous dire, voilà des millions d'hommes, qui, tous ont le devoir et le droit de commander à tous pour le salut de tous : vous saviez trop bien que personne n'a le droit d'ordonner où personne n'a le droit d'obéir. Où sont-ils donc ici ceux qui obéiront, qui doivent obéir? Vous nous les montrez tous encore libres comme l'air, sans loix, sans convention, sans chefs; tous et chacun encore maîtres, et absolument maîtres de se lier ou de continuer à vivre dans leur indépendance, d'aller où de rester, de faire un pacte ou de ne pas en faire ; tous en un mot n'ayant encore que leur volonté même pour arbitre de toute leur conduite ; et c'est dans cet amas d'êtres indépendans que vous irez chercher avec le droit dans tous de commander à tous, le devoir d'obéir pour chacun ! Non, vous en convenez, où tous sont encore libres de toute la liberté d'une absolue indépendance, nul souverain n'existe ; il seroit trop absurde que le devoir et le droit de commander à tous existassent, quand le devoir d'obéir n'existe pour personne. Elle est donc parfaitement imaginaire, et fantastique toute cette souveraineté de la nation, jusqu'au moment du pacte social, elle n'existe encore nulle part. Donc il est de toute absurdité que la nation soit souveraine avant le pacte social.

Je pourrois ajouter : avant ce pacte, la nation elle-même n'existe pas ; avant ce pacte, et dans l'indépendance encore absolue où il vous plaît de supposer ces millions d'hommes, vous n'avez pas un peuple ; vous avez un amas d'individus que rien encore n'unit, dont rien encore ne fait un même corps, un même ensemble, une société. Cet amas d'hommes encore sans liens, sans lois, sans intérêts, sans conventions communes, n'a rien encore de ce qui constitue l'unité ; il ne forme donc pas un souverain. Il est ce que seroient des milliers d'hommes conduits par le hasard des diverses parties de l'univers dans une même plaine ; ce que seroit l'amas d'un Chinois, d'un Anglois, d'un Tartare, d'un Iroquois, d'un François, et autres mortels, tous étrangers les uns pour les autres, abordés dans une Isle ? Tous ces êtres divers pourront s'unir un jour par des conventions que le besoin appellera. Mais jusques au moment de ces conventions, ils ont beau se trouver rassemblés dans un même espace ; ce n'est pas cet espace, ce sont les mêmes loix, les mêmes intérêts, la même dépendance, et les mêmes chefs qui font une nation, un peuple. S'il est absurde avant ces conventions, de voir un peuple dans cette horde d'êtres que rien n'unit encore, que rien sur-tout ne lie encore par le devoir de commander, par celui d'obéir, il est bien plus absurde d'y voir un peuple souverain.

Savez-vous ce qui existe réellement avant ce pacte, dans tous vos millions d'hommes? Ce n'est pas la souveraineté, c'est l'indépendance la plus absolue; c'est par conséquent ce qu'il y a de plus opposé à la souverainté même; car là où commence la souveraineté, là essentiellement finit l'indépendance; puisque là essentiellement commence d'un côté le devoir de commander, et de l'autre le devoir d'obéir.

Ne cessons pas de l'observer, puisqu'on ne cesse pas de tout confondre. C'est encore ici une étrange confusion d'idées, que cette prétendue souveraineté du peuple avant le pacte social. On voit des millions d'êtres indépendans, et bien qu'il n'y ait rien de plus contradictoire que l'indépendance et la souveraineté, on nous dit voilà des millions d'hommes indépendans; voilà un peuple souverain.

Autant vaudroit nous dire, voilà des millions d'hommes tous étrangers les uns aux autres, voilà la société, la vraie communauté d'intérêts et de devoirs. Quand nous ferons-nous donc des idées précises des choses, pour ne pas accoupler ainsi celles qui jurent de se trouver ensemble ?

Savez-vous encore ce qui existe dans vos millions d'hommes avant le pacte social ? Ce n'est pas l'autorité, ce n'est pas la souveraineté; c'est, avec l'indépendance la plus absolue, le besoin le plus urgent de l'autorité et de la souveraineté. Ce qui existe parmi eux, c'est une anarchie complette, qui va être suivie des plus horribles désordres ; si avec l'autorité, si avec la souveraineté, ne paroît la puissance des loix, qui seule pourra les empêcher de se contrarier, de se combattre, de s'égorger les uns les autres.

2o. Ils l'ont senti ce besoin, et c'est pour prévenir tous les malheurs dont l'indépendance alloit être suivie, que les voilà enfin assemblés pour se donner un chef. Les voilà qui conviennent de vivre sous les loix de Pharamond. Ils lui promettent fidélité, comme il leur promet de gouverner pour le salut du peuple. C'est au moins à l'instant de cette convention, que la nation exerce, nous dites-vous, la puissance suprême. C'est au moins dans ce moment du pacte qu'elle exerce la souveraineté. On ne peut le nier, ajoutez-vous avec confiance, qui donne une couronne, qui crée un nouveau sceptre, assurément se montre souverain.

On ne peut le nier ! Eh bien, avant d'en convenir, laissez-nous au moins observer que c'est un acte bien étrange de souveraineté que celui d'un être indépendant, qui se voue à un maître ; que celui d'un pupille qui recourt à un tuteur, que celui d'un aveugle, qui invoque un conducteur. Oui, c'est un plaisant acte de souveraineté, que celui par lequel l'homme jusques alors seul arbitre de ses actions et de ses volontés, réduit tout son empire au devoir d'obeir.

C'est donc le choix d'un maître, qui fait le souverain ? C'est le passage même de l'indépendance à la soumission et à l'obéissance, qui fait la souveraineté ! Désormais j'en conviendrai sans peine ; si le vrai souverain est celui qui a le droit de se choisir un maître, si le moment de votre souveraineté est pour vous le moment où libre comme l'air, vous sacrifiez votre indépendance à une liberté essentiellement gênée et circonscrite par la loi ; si l'acte suprême de toute souveraineté est le dernier acte d'indépendance, j'en conviens : au moment du pacte social, le peuple est souverain. Mais convenez aussi, que dès-lors la souveraineté se réduit au besoin d'obéir, et au droit de choisir ses chaînes et son maître. Ou plutôt, avouez que c'est encore ici une étrange confusion, un vrai renversement de toutes les idées. Avouez que ces mots : *le peuple exerce un acte de souveraineté au moment du contrat social*, sont encore de ces mots accouplés, de ces mots qui se suivent sur le papier ou sur le bout des lévres, mais qui appliqués par l'homme refléchi à leur définition, ne présentent que des idées disparates, et dont l'assemblage est une absurdité.

Celui là en effet exerce un acte de souveraineté, qui chargé du salut de tous, fait entendre des ordres auxquels tous sont tenus de se soumettre. Dans un pacte social est-il rien de semblable? Au lieu de se charger du salut de tous, le peuple, par ce pacte cherche des chefs qui veuillent s'en charger; loin de rien ordonner par ce pacte, le peuple ne propose qu'une acceptation libre par son essence comme ces conditions. Il s'engage, si les chefs qu'il choisit veulent aussi s'engager. Est-ce bien là agir en souverain ?

Loin d'annoncer par lui-même la souveraineté, le devoir de gouverner, le droit d'être obéi, tout pacte par lui-même suppose dans chaque partie contractante, dans chaque individu ayant part au contrat, la liberté la plus absolue d'accéder ou de refuser. Loin d'exercer un acte de souveraineté, le souverain lui-même, par ce pacte, suspend toute souveraineté, il devient par ce pacte l'égal même de celui qui contracte avec lui ; il met sa volonté à l'égal de la volonté du sujet même, si c'est avec le sujet qu'il contracte ; puisque le pacte est nul par lui-même, où la liberté de consentir n'est pas la même. En un mot, l'égalité des charges, l'égalité de liberté dans le consentement, la réciprocité des obligations sont l'ame de tout pacte. Dominer la volonté d'une seule des parties contractantes, c'est détruire l'essence même du contrat. Le peuple seroit donc souverain, qu'il cesseroit de l'être pour cet instant du pacte à l'égard de tous ceux qui entrent avec lui dans ce pacte ; et ce moment du pacte seroit précisément celui où l'on croit voir son acte de souveraineté! Absurdité encore que tout cela, et confusion d'idées disparates, et se contredisant, s'entrechoquant les unes les autres ! Ceux qui les réunissent, n'ont jamais refléchi sur leur opposition.

Ce prétendu acte de souveraineté devient bien plus étrange, quand celui qu'on nous donne pour souverain, n'entre lui-même dans le pacte que pour cesser d'être le maître absolu de sa conduite. Non, jamais on ne vit tant de confusion, qu'il a fallu en mettre dans toutes les idées pour se persuader qu'un pacte social, un pacte uniquement dicté par le besoin d'obéir et d'être dirigé, un pacte dont il ne résulte pour le peuple qu'un droit d'être gouverné, et un devoir d'obéir à celui qui gouverne, est pour ce même peuple un acte de souveraineté.

On nous dira peut-être que nous subtilisons, que nous disséquons les idées. Certes, il vaudroit mieux encore les subtiliser que les confondre; mais sans subtiliser, nous les analysons, nous cherchons à écarter les nuages, non à les rassembler. Vous rapprochez les mots de souveraineté, de peuple, de contract, nous rapprochons les choses même, la souveraineté et le contract; et si un acte de souveraineté se montre par sa nature même opposé à celui d'un peuple qui contracte, et sur-tout à l'objet du contrat, nous disons : il est absurde de trouver dans l'acte même de ce contrat, un acte de souveraineté, un peuple souverain; nous le disons malgré les préjugés que nous blessons, parce qu'il vaut mieux dire la vérité aux nations que flatter un orgueil dangereux; nous ne nous laissons pas éblouir par ces mots, donner une couronne, créer un nouveau sceptre. Sans doute si la nation donnoit à Pharamond une autre couronne que la sienne, si elle donnoit d'autres sujets qu'elle-même, si elle soumettoit à ce sceptre un autre peuple qu'elle-même, elle auroit fait un acte de souveraineté. Mais ici qu'est-ce donc que ce sceptre qu'elle donne? C'est le signe habituel de la dépendance où elle s'est mise, du devoir qu'elle a contracté d'obéir à celui qui le porte; c'est le sujet qui décore son roi, qui embellit sa chaîne ; ce n'est pas là le peuple souverain. Lors donc qu'on nous dira : la nation ordonne qu'on obéisse au roi ; à quoi se réduira cette expression pompeuse ? Quel en sera le sens, si ce n'est celui-ci? La nation, et chaque individu de la nation, ont promis d'obéir au roi, veulent lui obéir. La nation ne fait corps qu'avec ceux qui auront la même volonté. Encore une fois, voilà un plaisant acte de souveraineté dans tous, que cette promesse solemnelle d'obéir tous, et de n'avoir pour frères ou citoyens que ceux qui obéissent.

Mais enfin, je le veux, supposons que ce pacte est pour la nation un acte de souveraineté ; que par ce pacte même la nation crée l'autorité ; qu'elle en devient la source ; au moins sera-t il vrai que Pharamond exerce aussi un acte de souveraineté par ce même contrat, comme la nation même, et qu'il devient comme elle, et autant qu'elle la source de toute autorité ; que par ce pacte il contribue autant que la nation à la création même de toute autorité.

C'est un acte commun que ce contrat, il n'existe pas plus sans Pharamond que sans la nation ; la nation promet fidélité, le roi promet ses soins ; les effets de ces deux promesses réciproques, sont donc également produites et par le roi et par la nation. A lui seul, il entre dans ce pacte autant que la nation toute entière ; il sera donc autant que la nation, le créateur, la source de toute l'autorité qui en dérivera.

Mais alors comment dire que la souveraineté, la source de toute autorité réside essentiellement dans la nation ? N'est-il pas évident qu'elle résideroit en vertu de ce pacte dans le roi même autant que dans la nation ; quelle lui appartient autant qu'à la nation ? Et si vous ajoutez que la nation rétractant sa promesse, l'autorité n'est plus dans Pharamond ou dans les rois ses héritiers, quelles idées vous êtes-vous donc faites de tont pacte ? Quelle immoralité que celle d'une obligation, d'une promesse réciproque annullée par la rétractation d'une des parties contractantes ! Quelle immoralité que celle d'un contrat qui a créé l'autorité, et dont tout l'avantage revient à celui qui le viole ! Ou la promesse de la nation est nulle ; et ne nous parlez plus d'un contrat social dès-lors si évidemment nul ; ou bien cette promesse est valide ; que son engagement soit donc valide, irréfragable, comme dans tout contrat, jusqu'à ce que les deux parties rétractent leur promesse avec la même liberté. Qu'il ne soit pas donné à la nation de rompre seule un pacte qu'elle n'a pas fait seule ; et que l'autorité soit dans le roi, et dans les héritiers de ce roi contractant, comme la propriété que j'ai acquise sur vous, est dans moi jusqu'à ce que j'aie moi-même librement renoncé au contrat qui me l'a transportée.

Ce n'est pas là ce que vous desirez, absurde raisonneur, philosophe immoral ! Vous commencez par me montrer la souveraineté du peuple, naissant d'un contrat qui la suspendroit par son essence même, si elle existoit avant ce contrat; qui, s'il la produisoit, diviseroit essentiellement sa source, et nous la montreroit tout autant dans le roi que dans le peuple. Vous finissez par nous montrer dans ce contract un pacte que la volonté d'une seule des parties contractantes suffit à rendre nul. Mettez donc vos contrats au bout des bayonnettes, dans des millions de bras ou de canons; mais ne raisonnez plus; ne parlez plus justice, moralité, autorité; gardez vos apophtegmes philosophiques, s'ils ne portent, comme vos contrats, que sur les syllogismes des brigands.

Pour celui qui demande des raisons et réfléchit, je crois avoir prouvé combien il est absurde de chercher la souveraineté du peuple dans ce contrat réel ou prétendu avec ses monarques; mais nos constituans législateurs viennent de se placer dans une situation qui pourroit nous montrer un contrat antérieur à celui de la nation avec son chef. Pour se donner une constitution, ils se sont supposés au moment où la nation n'en auroit point encore. Ils ont dit : nous voilà sans gouvernement, et il nous en faut un. Avant de nous donner des gouverneurs, il faut régler le mode et les conditions de leur autorité. Ils ont réglé ce mode et ce dégré d'autorité pour celui qu'ils ont continué d'appeller roi, et pour tous les agens de l'administration, qu'ils vouloient établir. Ils ont appellé constitution l'acte qui exprimoit ce nouveau mode de gouvernement. Le peuple a promis de se soumettre à cette constitution et de la maintenir. Je veux bien supposer que le peuple concevoit à merveille cette constitution ; qu'il savoit à merveille ce qu'il promettoit de maintenir ; je veux supposer que cette constitution est aussi parfaite qu'on la dit impolitique et vicieuse. Telle qu'elle est, je veux le supposer encore : librement et sans aucune intrigue, sans aucun moyen de séduction, la pluralité de la nation a promis de la maintenir. Ensuite on est allé trouver Louis XVI, on lui a dit : voulez-vous être notre roi constitutionnel? Voyez, examinez cet acte; si vous promettez de le maintenir, vous serez le roi de la constitution; si vous ne voulez pas de notre couronne à ces conditions, nous chercherons un autre roi. Louis XVI a accepté, je le suppose toujours, bien librement, et croyant la constitution le vrai salut du peuple.

Ce n'est plus ici, pourroit-on me dire (car j'aime à prévenir les objections et à les renforcer, au lieu de les dissimuler et de les affoiblir) ce n'est plus ici un simple contrat de la nation avec Louis XVI; il est évident que la nation n'a pas agi en souveraine, en lui laissant la liberté d'accepter ou de refuser. Il y a ici un acte antérieur que l'on peut supposer avant la monarchie; cet acte que la nation déterminoit, cette constitution, ce mode de gouvernement suivant lequel elle vouloit être conduite; mais n'est-ce point par sa pleine puissance, et sa puissance seule qu'elle qu'elle a fixé cette constitution? N'est-ce pas-là un acte de souveraineté? n'est-ce pas-là cet acte qui crée, qui va fixer toutes les autorités? Le voilà donc le peuple constitué souverain; voilà la grande autorité dont toutes les autres ne seront que de simples émanations. Tous les individus se sont promis de vivre unis et dirigés par cette constitution; elle est le véritable contrat primordial de sa société; c'est donc ce contrat social qui établit le peuple souverain; c'est dans cette union même des individus, c'est dans ce concours de leurs volontés que consiste la souveraineté. Vous croyez de nouveau triompher; vous tressaillez, lecteur constitutionnel; vous me remerciez peut-être d'avoir, moi-même, fait en combattant votre souveraineté, la démonstration la plus forte que le raisonnement vous ait encore fournie. Car, il faut l'avouer, on avançoit jusques ici, on affirmoit la souveraineté du peuple, on la raisonnoit peu; la voilà, dites-vous, devenue évidente. J'en suis encore fâché ; mais daignez réfléchir un instant, et voyez de nouveau toute cette souveraineté disparoître.

Répondez - nous d'abord : cet homme qui chercha en vous un guide ; mais qui commence par désigner le terme où il veut arriver, la route qu'il veut suivre ; ce serviteur qui veut se donner un maître, mais qui fixe le genre de service auquel il se destine ; cet aveugle qui cherche un conducteur, mais qui règle, à part soi, tout ce qu'il en attend pour se livrer à lui ; tous ces hommes déterminant ainsi, et prévoyant les obligations qu'ils veulent contracter, ont-ils fait en cela un grand acte de souveraineté ? Cette jeune héritière qui cherche encore un époux, mais qui commence par fixer les conditions auxquelles elle voudroit s'unir à lui, a-t-elle donc aussi agi en souveraine, en réglant d'avance toutes ces conditions ? Vous n'oseriez le dire ; ce seroit encore une souveraineté bien étrange, que celle qui consiste, non pas à gouverner soi-même, à commander et à conduire en chef, mais à chercher un chef qui gouverne, commande, pour un objet et à des conditions déterminées.

Eh bien ! voilà précisément à quoi se réduit cet acte constitutionnel, ce pacte antérieur au choix même des chefs. Vous l'avez rédigé avant l'existence de ces chefs ; vous étiez jusqu'alors indépendant; vous vous supposez tel, et comme vous le peuple étoit indépendant. Vous avez senti tout le besoin de faire cesser cette indépendance absolue, vous avez vu qu'il falloit sacrifier une partie de votre liberté, crainte qu'elle ne fût ravie toute entière ; vous avez cherché le genre de gouvernement qui vous sembloit devoir le mieux remplir l'objet que vous vous proposiez. Encore indépendant, vous pouviez vous décider à vivre désormais sous une monarchie, dans une aristocratie, dans une république, ou bien sous telle autre forme mélangée de ces gouvernemens ; vous avez déterminé cette forme de gouvernement qui doit succéder à votre indépendance ; vous l'avez rédigée dans un acte qu'il vous plaît d'appeller constitution. Vous croyez avoir fait un grand acte de souveraineté, et en vigueur duquel, dans la suite siècles, vous serez souverain ? Votre erreur est risible à force d'être étrange. Eh ! ne sentez-vous pas qu'elle est absolnment la même que celle de ce serviteur, auquel il aura plu d'appeller constitution, décret constitutionnel, cet acte qu'il rédigea d'abord, qu'il me présente ensuite comme exprimant les conditions auxquelles il me promet fidélité, service ; et qui se croît mon maître, parce qu'il a pu mettre ces conditions à ses services, à sa fidélité !

Non, votre acte constitutionnel ne vous donne pas une souveraineté moins risible et moins absurde. Il exprime, non pas l'autorité que vous créez, mais l'autorité que vous desirez voir établie ; non pas la souveraineté que vous exercez, mais celle sous laquelle vous desirez de vivre ; mais les conditions auxquelles, indépendant encore, vous voulez vous soumettre à des chefs qui gouvernent, qui désormais maintiennent la partie de cette liberté antérieure que vous vous réservez. C'est donc encore ici, non pas un acte de souveraineté, mais simplement un acte de votre indépendance; ce sont les conditions auxquelles vous mettez le sacrifice même de cette indépendance. Vous appellez cet acte vos suprêmes décrets! L'expression est flatteuse pour l'orgueil; elle est un peu risible aux yeux du philosophe. Toute l'inscription qu'il mettroit à cet acte, seroit : conditions de la fidélité, de l'obéissance que promettront des hommes encore indépendans, à celui qui voudra les gouverner.

Vous appellez cette constitution, acte du souverain, du peuple souverain. C'est toujours même erreur de votre part; c'est toujours même confusion de la souveraineté qui préside, qui ordonne, dirige, avec l'indépendance de vingt millions d'êtres qui ne cherchent encore qu'à être gouvernés, dirigés et commandés, suivant l'espèce de gouvernement qu'ils desirent voir établie sur eux.

Vous avez inséré dans cet acte, que le peuple seroit lui-même souverain ; c'est une suite de cette même erreur qui vous fait confondre ce peuple pour lequel le gouvernement existe, avec l'autorité par laquelle il existe ; ce peuple qu'il faudra surveiller, avec le chef qui doit le surveiller et le gouverner ; ce peuple qui a pu proposer des loix, et qui devra les observer avec celui qui doit sanctionner les loix, et les faire observer ; ce peuple qui, encore indépendant, a pu mettre des conditions à sa dépendance, avec celui qui, ces conditions acceptées, doit le maintenir dans cette dépendance. Une pareille erreur est du nombre de ces conditions, que la justice regarde comme non avenue, parce que la raison ne peut les concevoir.

Oh ! combien mes idées sont loin des idées devenues si communes en ces jours de révolution ! Je ne le nie pas ; mais ces jours de révolution sont pour peu de personnes des jours de réflexions et de méditation. Ces jours sont la tempête d'un soi - disant philosophe qui ne sut assembler que des nuages, préparer que des orages, et qui n'a fait naître la confusion et le désordre dans l'état, qu'après avoir tout confondu, tout brouillé, tout renversé dans les notions de la vraie philosophie.

Interrogez dans le calme des passions, cette vraie philosophie, interrogez le sens commun; demandez sur-tout si ce n'est pas là le vrai moment où la nation exerce sa souveraineté ? La vraie philosophie, vous répondra en souriant : celui-là exerce la souveraineté qui, chargé du salut de tous, ordonne quelque chose pour le salut de tous, avec le droit d'être obéi par tous; la nation en rédigeant cet acte constitutionnel, en promettant de le maintenir, n'est pas une multitude de vingt-cinq millions d'hommes chargée du salut de tous, mais une multitude cherchant encore celui qui doit veiller sur tous, et rédigeant les conditions auxquelles il devra s'en charger. La nation jurant même de maintenir cette constitution, n'est pas, ne peut pas être une voix légitime, ordonnant de souscrire à ces conditions, et faisant, par cet ordre, un devoir d'y souscrire.

Ce n'est donc pas ici une nation qui ordonne légitimement ; ce sont vingt-cinq millions d'individus qui, chacun promettent : 1o. fidélité, obéissance à des conditions exprimées dans cet acte ; 2o. le maintien des conditions et du gouvernement qui en résultera, lors que les conditions seront acceptées, et le gouvernement et les chefs établis.

Dans cette rédaction, dans cette souscription, dans la promesse de maintenir ces conditions, rien n'annonce l'autorité, la souveraineté comme existantes ; tout appelle, au contraire, une autorité, une souveraineté qui n'existeront que sous les conditions exprimées dans cet acte constitutionnel ; tout y montre, non pas vingt-cinq millions d'hommes qui gouvernent, mais vingt-cinq millions d'hommes qui ont besoin d'être gouvernés, qui désignent comment ils voudroient l'être. La nation convenant d'une constitution avant d'élire un chef, ne fait donc pas un acte de souveraineté; ces vingt-cinq millions d'hommes ne sont pas souverains, n'agissent pas en souverains, mais en hommes, qui cherchent tel où tel souverain.

Le voilà donc ce double pacte social imaginé pour nous montrer la souveraineté résidant essentiellement dans la nation même, et toute autorité émanée de la nation, comme de sa vraie, de son unique source. Nous ne disputons pas sur la réalité de cette double convention; il nous suffit qu'on puisse concevoir un instant qui donne occasion aux deux contrats; mais nous les réduisons à leur valeur par leur nature même. Par le premier de ces contrats, des millions d'individus, indépendans encore, conviennent entre-eux de mettre fin à leur indépendance par un gouvernement dont ils prévoient les bases. Avant de sacrifier une partie de leur indépendance aux chefs qu'ils éliront, ils conviennent entr'eux des conditions auxquelles ils consentent à promettre fidélité, obéissance. Rien ne ressemble moins à l'autorité, à la souveraineté, que des hommes éprouvant le besoin de sacrifier une partie de leur indépendance, et réduits à fixer des conditions à l'autorité qu'ils desirent voir établie sur eux. Donc ce premier contrat ne montre nullement le peuple souverain, le peuple source de toute autorité, mais simplement le peuple soupirant après l'instant où telle autorité, telle souveraineté s'établira sur lui.

Par ce premier contrat, l'autorité est si peu établie, que personne n'ayant encore le devoir de gouverner, le droit d'être obéi, voilà le peuple recourant à un second contrat, et cherchant un mortel dont le devoir devienne celui de gouverner, et dont le droit devienne celui d'être obéi suivant les conditions exprimées dans cet acte appelé constitution. Le peuple ne concourt à ce second contrat, qu'en promettant fidélité, obéissance à un chef qui n'y concourt lui-même qu'en se soumettant au devoir de gouverner suivant ces conditions. Cette promesse de fidélité, d'obéissance, même conditionnelle, et bornée, assurément n'est pas l'acte d'un souverain, et d'un peuple exerçant la souveraineté; donc il est absurde de chercher dans ces contrats la souveraineté du peuple, et la source de toute autorité dans cette prétendue souveraineté.

3o. Ce titre de souverain, inapplicable au peuple, inconcevable dans le peuple, pendant ces contrats, comme on vient de le voir, l'acquerra-t-il au moins, et sera-ce dans lui qu'après tous ces contrats reposera la souveraineté? Il faudroit croire ici nos lecteurs bien étrangement aveuglés par leurs préventions, pour supposer qu'ils ne suffisent pas désormais à résoudre cette troisième question. Après tous ces contrats, nous pouvons supposer deux époques, l'une qui dureroit autant que les contrats eux-mêmes, ou le gouvernement dont ils ont été l'occasion; la seconde qui nous présenteroit la cessation des contrats même, par la cessation du gouvernement.

Le contrat et le gouvernement subsistant, la nation n'a, et ne peut avoir d'autre droit que celui qu'elle a pu acquérir lors de son pacte réel, ou supposé, avec le chef, soit individuel, soit collectif. Tout le droit qu'elle acquiert par ce pacte, est le droit d'être gouvernée suivant les lois, droit toujours uni pour elle au devoir d'obéir à son chef; ce droit d'être gouverné suivant les lois; le devoir d'obéir à son chef n'est pas l'autorité, n'est rien moins que la souveraineté; ce droit et ce devoir sont précisément tout ce qui constitue le sujet; donc il est absurde, tant que le pacte avec le chef subsistera, tant que le gouvernement ne sera pas détruit, de voir dans la nation même, la souveraineté, la source de toute autorité.

Le gouvernement n'existant plus par une cause quelconque, telle que pourroit l'être la mort de tous les membres de la dynastie, dans une monarchie héréditaire, la nation se trouveroit précisément au point où elle étoit avant le contrat social fait avec ses monarques. Elle étoit alors réduite à l'indépendance, au vœu de voir cesser cette indépendance pour voir aussi la fin d'une horrible anarchie. Nous l'avons assez observé : l'indépendance n'est rien moins que la souveraineté. Donc il est encore absurde de voir la nation souveraine au moment où son contrat avec le souverain expireroit.

Mais ce qu'il faut ici observer, c'est que ce contrat avec la personne du souverain, ou avec les héritiers de tous les droits du souverain, venant à cesser par l'extinction de toute sa famille, le contrat primordial, antérieur à celui du souverain même, ce contrat national, par le quel tous les individus, avant délire un chef, seroient convenus entr'eux de n'en élire que pour tel gouvernement déterminé; ce contrat primordial, dis-je, subsisteroit encore dans toute sa vigueur. Ce contrat primordial consistoit-il à vivre sous une véritable monarchie, par exemple : il est évident que le monarque même venant à manquer, l'obligation de vivre sous une monarchie ne cesse pas, sur-tout si le contrat est appuyé sur le serment de la nation. Tout monarque cessant, la monarchie n'existe pas réellement pendant cet intervalle qui s'écoule jusqu'à l'élection d'un nouveau monarque, mais le serment de vivre sous un gouvernement monarchique, de ne point en reconnoître d'antre, subsiste dans son entier. La nation se trouve alors, non pas souveraine, mais précisément à ce point où nous l'avons vue dans l'intervalle de son contrat primordial, jusqu'au moment où elle élit son premier chef, et contracte avec lui comme avec son monarque. Elle n'a pas seulement le besoin d'être gouvernée, mais le devoir qui résulte de son premier serment de vivre sous tel gouvernement. C'est en vertu, sans doute de ce premier serment réel ou supposé que le gouvernement François est essentiellement monarchique. La dynastie regnante viendroit à s'éteindre, ce contrat, ce serment primordial, que nos pères et nous, sommes censés avoir fait, détermine à perpétuité le genre de gouvernement, sous lequel nous devons vivre, le genre d'autorité, de souveraineté auquel nous devons nous soumettre. Mais nous l'avons dit aussi, le contrat ou le serment de vivre sous tel gouvernement déterminé, n'est pas l'autorité, la souveraineté : donc la nation réduite à ce contrat primordial, si vous le supposez encore existant, n'est pas la nation souveraine, mais simplement la nation engagée à se soumettre à telle souveraineté déterminée.

Que si vous supposez dans ce contrat primordial, non plus un serment dont la nation ne puisse plus se dégager, mais une promesse mutuelle qui cesse parce que tous les individus s'en dégageront mutuellement, alors la nation tombe dans l'état antérieur au contrat primordial, c'est-à-dire, dans cette anarchie absolue qui, bientôt la forcera de se déterminer à rentrer sous un gouvernement quelconque. Cet état, encore une fois, n'est pas celui d'un corps souverain ; il est la privation absolue de toute souveraineté, le besoin le plus urgent et le mieux constaté de la voir établie.

Nous avons parcouru toutes les périodes où une nation peut se trouver avant, pendant, après son contrat primordial avec ses membres même, avant, pendant, après ce contrat secondaire qu'elle a fait ou qu'elle est censée avoir fait avec ses chefs. Reprenez, s'il le faut, toutes ces périodes ; et dites-nous s'il en est une seule où nous n'ayons pas démontré combien il est absurde de vouloir y trouver la souveraineté inhérente aux nations.

Antérieurement au contrat primordial, qu'y voyez-vous ? des millions d'hommes sans le moindre lien et dans l'indépendance, ou l'anarchie, dans l'état le plus opposé à toute autorité. Pendant le contrat primordial, des millions d'hommes qui appellent l'autorité, qui constatent le besoin qu'ils en ont, et tout occupés à décider par une constitution préliminaire, par un acte purement provisoire, les conditions auxquelles il leur convient de sacrifier leur indépendance. Au moment du contrat secondaire entre la nation et les chefs qui adhèrent au pacte primordial, des millions d'hommes renonçant à l'indépendance, non pour être souverains, mais pour vivre dans la dépendance, et dans la soumission aux chefs; tant que ce pacte secondaire est censé persister avec la dynastie des chefs héréditaires, des millions d'hommes obligés d'obéir à ces chefs; ce pacte interrompu, ou dissous, des millions d'hommes retombant dans un premier état où l'indépendance et l'anarchie anoncent de nouveau, non pas l'autorité, la souveraineté, mais le besoin de voir l'autorité, la souveraineté renaître, le besoin d'obéir appellant un nouveau souverain.

Cependant, au milieu de ces contrats, elle est née l'autorité, la souveraineté, que ces millions d'hommes appelloient par leurs vœux, leurs conventions, leurs choix. Quelle est donc la puissance qui la crée, qui la fait exister ? Quel est donc le principe qui la confère, qui au milieu de ces contrats établit ses rapports, fait naître et ses devoirs et tous ses droits ? C'est à cette question que nous allons répondre.

Quatrieme Proposition.

Le principe générateur, seul générateur de toute autorité, essentiellement un être supérieur à l'homme.

Cette Proposition est déja démontrée. Tout lecteur désormais peut dire avec nous : créer l'autorité, c'est essentiellement étendre l'empire de la moralité des devoirs et des droits de l'homme sur ses frères ; l'homme est né sous l'empire de la moralité ; mais l'homme ne peut pas étendre cet empire pour ses frères ; il ne peut pas créer pour eux de nouveaux droits ; il ne peut pas se faire de nouveaux droits sur eux ; donc un être supérieur à l'homme peut seul donner à l'homme autorité sur l'homme.

Non-seulement l'homme ne peut lui-même étendre sur ses frères l'empire des droits et des devoirs, de la moralité ; mais s'il n'existe un être supérieur à l'homme, et si cet être supérieur n'intervient, au lieu de droits et de devoirs, tout se trouve réduit à la force, à la ruse ; nulle moralité n'existe pour l'homme ; l'autorité, par son essence même, tient tout entière à la moralité ; elle n'est qu'un rapport de droits et de devoirs absolument moraux ; donc, sans l'intervention d'un être supérieur à l'homme, l'autorité n'existe pas, ne peut pas exister.

Nous disons davantage : tout

autre droit et tout autre devoir existeroient pour l'homme, les règles générales de la moralité ne lui suffiroient pas pour concevoir l'autorité naissante. Nous pouvons même dire : sans l'intervention nouvelle et positive d'un être supérieur à l'homme, les règles générales des droits et des devoirs deviendroient un obstacle à la naissance de toute autorité de l'homme sur ses frères.

Il est contre les lois de la moralité qu'un homme, mon égal, s'arroge le droit de diriger impérieusement ma volonté sur sa volonté propre ; donc nulle autorité ne peut naître sur moi que par la volonté d'un être snpérieur à l'homme, mon égal.

Il est contre les droits de la moralité qu'un devoir quelconque soit imposé sans une vraie supériorité existante dans celui qui l'impose ; je ne suis pas supérieur à moi-même : donc je ne puis pas m'imposer à moi-même le devoir d'obéir à un autre.

Je puis bien moins encore imposer à un autre les devoirs que suppose essentiellement l'autorité sur moi : donc l'autorité de tout autre sur moi ne peut naître que par la volonté d'un être supérieur à moi.

Nous disons plus encore : tous les autres contrats de l'homme à l'homme, seroient valides, sans l'intervention d'un être supérieur; celui-ci qu'on imagine pour donner à l'homme une autorité sur l'homme, seroit essentiellement un contrat immoral. Dans ce contrat l'un donne ce qu'il ne peut donner, l'autre accepte ce qu'il ne peut tenir; je le démontre.

Pour que vous acquerriez autorité sur moi, il faut absolument que je commence par vous dire : je me fais un devoir de vous obéir; me faire un vrai devoir de vous obéir, c'est donner, subjuguer, aliéner ma volonté, puisque dès-lors ma volonté seroit dans moi, sans être à moi; c'est agir en être d'une nature supérieure à ma volonté qui est moi, comme j'agis en être d'une nature supérieure à mon champ, lorsque j'en transporte le domaine à un autre que moi; or, il implique contradiction que je puisse donner, soumettre, subjuguer, aliéner ma volonté, comme il implique contradiction que je sois d'une nature supérieure à moi; donc toute aliénation de ma volonté par moi seul est essentiellement nulle.

Vous n'êtes point vous-même d'une nature supérieure à moi; donc vous ne pouvez pas tenir ma volonté sous votre empire; donc tout contrat tendant à vous soumettre ma volonté, à vous en donner l'empire, est pour moi un contrat où je donne ce que je ne puis pas donner; et pour vous, un contrat où vous acceptez ce que vous ne pouvez pas recevoir; donc ce contrat est nul et contraire aux lois de la moralité.

Cette nullité provient uniquement, et dans vous et dans moi, d'un défaut de supériorité sur moi-même; donc un être supérieur et à vous et à moi, peut seul donner de la validité à ce contrat, et le rendre conforme aux lois de la justice, de la moralité ; donc cet être supérieur et à vous et à moi, peut seul créer l'autorité de vous à moi, même dans nos contrats.

Et ne nous dites point : je peux me faire un devoir de soumettre ma volonté à cet être supérieur à moi ; donc je ne puis me faire un devoir de soumettre ma volonté à mon égal. Car la soumission de votre volonté à un être supérieur n'est pas un devoir que vous ayez créé pour vous ; c'est un devoir qui existoit déja pour vous : il est dans l'ordre même, et dans toutes les lois de la moralité.

Ne nous dites pas même : je puis ajouter à ce qui est déja un vrai devoir pour moi envers cet être supérieur à moi ; j'y ajoute en effet par le vœu, le serment d'une chose qu'il n'exigeoit pas avant mon serment ou mon vœu. Car ce nouveau devoir ne devient pas un devoir pour vous, parce que vous le voulez, mais parce que cet ê re supérieur à vous le voudra désormais; parce qu'en acceptant ce vœu et ce serment, il déclare vouloir son exécution.

Ce devoir vient si bien de sa volonté seule, que s'il cesse de vouloir l'exécution du vœu ou du serment, et s'il vous en dispense, ou bien s'il les rejette, le vœu et le serment n'existent plus.

Ce devoir vient si peu de votre volonté, que vous aurez beau ne plus vouloir; le vœu et le serment subsisteront tant que vous serez seul à ne plus vouloir qu'ils subsistent.

Telle est donc la nature de tout devoir; telle est bien plus spécialement la nature des devoirs et des droits réciproques constituant l'essence même de l'autorité, qu'un être supérieur à l'homme peût seul imposer ces devoirs et conférer ces droits. La démonstration me semble rigoureuse, et je ne craindrois pas d'en placer désormais les conséquences parmi les vérités métaphysiquement démontrées.

La seule objection qu'on pût nous

homme, il est vrai ; n'est pas supérieur à un homme, mais des millions d'hommes, mais une nation, un peuple entier sont supérieurs à un individu ; donc l'autorité peut émaner du peuple, sans recourir à aucun être supérieur au peuple.

A cela je réponds : un peuple est supérieur à un individu, quant au nombre, sans doute ; quant à la nature, je le nie ; et ma raison est évidente. La nature d'un peuple n'est jamais que la même nature existant dans des millions d'hommes comme dans un seul. Vous aurez beau multiplier ces hommes, il n'en résultera pas un être supérieur à ma volonté, ayant inspection, action sur ma volonté, sur ma conscience ; ces millions d'hommes ne pourront donc pas mieux qu'un seul, créer pour ma conscience un vrai devoir. Ils n'auront sur un seul d'autre avantage que la force : mais nous l'avons dit si souvent : force n'engendre pas devoir ; force ne fait donc pas autorité.

D'ailleurs, n'étant jamais mon propre supérieur, je ne peux pas aliéner ma volonté pour mille, plus que je ne peux l'aliéner pour un; donc je ne peux pas plus donner autorité sur moi à mille, à des millions, à une nation entière, que je ne peux la donner à un seul homme ; donc l'autorité d'une nation sur moi ne peut venir ni d'elle ni de moi ; donc l'autorité de la nation sur les individus ne pourroit venir ni de la nation ni des individus.

L'autorité de la nation, la souveraineté de la nation créées par la nation sur la nation, répugnent dans les termes ; un être collectif n'est pas plus supérieur à soi, ne peut pas plus s'établir souverain sur soi-même, qu'un individu ne peut se donner autorité sur soi. Rousseau l'avoit dit avant nous ; il en avoit tiré de très-fausses conséquences. (Cont. soc. l. 1, c. 7.) Celle que nous tirons de nos principes est évidente, quand nous nous bornons à dire : l'autorité, la souveraineté de la nation sur la nation est une absurdité ; l'autorité, la souveraineté de la nation sur les individus ne peuvent provenir ni de la nation ni des individus ; donc il en seroit de l'autorité qu'on supposeroit nationale, comme de celle qu'on supposeroit individuelle ; donc nulle espèce d'autorité sur l'homme ne peut exister que par l'action d'un être supérieur à l'homme.

Mais elle existe, enfin cette autorité ; elle s'exerce très-légitimement sur toute la surface de la terre. Quel est donc cet être supérieur à l'homme, qui a pu la créer, et qui seul en maintient les droits et les devoirs? Si quelques lecteurs encore entichés de leurs préjugés soi-disant philosophiques, ne préviennent pas la réponse à cette question, nous allons encore la faire pour eux, et la démontrer.

Cinquieme Proposition.

Toute autorité vient essentiellement, uniquement, immédiatement de Dieu.

Pour rendre cette Proposition plus supportable à certains lecteurs, je ne prétends point la mitiger; je veux qu'on la prenne dans toute son étendue, comme je veux la démontrer dans toute sa rigueur. Je ne veux pas même qu'on recoure à ces distinctions qui ne sont faites que pour affoiblir la vérité. Je ne prétends point me ménager une vaine ressource par ces distinctions de médiatement et immédiatement, dont les esprits à termes moyens, se contentent si facilement. Je dis: toute autorité vient essentiellement, uniquement, immédiatement de Dieu. Je le dis sans exception de toute autorité, soit générale, soit partielle, soit souveraine, soit subordonnée. J'entends qu'au moment même où l'autorité commence à exister dans quelque individu que ce soit, de quelque nature qu'elle soit, au même moment où elle existe, au moment où je suis obligé d'obéir à quelqu'un, c'est Dieu qui crée pour lui et le devoir et le droit de me bien gouverner, et pour moi, le droit d'être gouverné et le devoir d'obéir.

En ajoutant *crée immédiatement* ces droits et ces devoirs, ou cette autorité, je n'entends pas, sans doute, que Dieu ne se sert d'aucune voie humaine pour faire connoître l'autorité qu'il établit; j'entends que cette voie n'est pas même un canal par lequel l'autorité découleroit, arriveroit du prince, par exemple, au premier magistrat, et ensuite aux agens inférieurs. Non, point de ces canaux; ils transmettroient l'autorité, comme ce fleuve transmet ses eaux depuis leur source jusqu'à l'océan, comme ce dépositaire vous transmet le don qu'il vous porte de ma part. Ces eaux existent dans tout leur trajet, depuis leur source jusqu'à l'océan; elles sont les mêmes dans leur source, dans le lit du fleuve et dans l'océan. Ce don est le même dans mes mains, dans les mains de celui qui vous le transmet, et dans les vôtres. Il n'ya point ici de réproduction, de création ; ce don ne passe pas immédiatement de mes mains dans les vôtres ; et l'autorité vient immédiatement de Dieu à l'homme Je dis même plus, l'autorité dans l'homme, n'est et ne peut être que l'autorité de Dieu sur l'homme. En un mot, quoiqu'invisiblement, Dieu agit aussi immédiatement sur l'homme qui reçoit l'autorité, que j'agis sur vous en mettant moi-même dans vos mains, pour votre défense ou pour celle de la patrie, un glaive dont vous avez l'usage, mais dont la propriété me reste, et dont l'usage entre vos mains m'est entièrement subordonné. Je le dis; écoutez nos démonstrations.

10. Si notre objet se réduisoit à vous montrer dans Dieu la cause primordiale de l'autorité, comme tenant à l'ordre général de la société, à la constitution de l'uni-

vers moral, nous nous contenterions de dire : celui-là subordonne la famille à son chef, et les peuples aux rois, qui subordonne cet astre de la nuit à ce globe habité par des hommes, et ce globe lui-même et toutes nos planètes et tous leurs satellites, au soleil qui les tient tous captifs dans sa sphère. Celui-là est auteur de l'autorité, qui est auteur de la société, qui en faisant de l'homme un être sociable, qui en nécessitant la co-habitation de l'époux, de l'épouse et des enfans, en donnant aux familles et aux individus un penchant général pour former des peuples, des nations, lie essentiellement l'existence des familles et des nations à l'existence de l'autorité, à l'empire des uns, à la subordination des autres. Car, sans doute, ce Dieu n'a pas voulu la société même, sans vouloir les moyens. Sa volonté a fait de l'homme un être naturellement sociable; donc sa volonté même a subordoné l'homme à cette autorité, sans laquelle nulle société ne sauroit subsister; donc toute autorité par laquelle la société subsiste, vient essentiellement de Dieu.

2°. Elle vient de Dieu seul, et ne peut venir d'ailleurs. Celui-là seul a pu subordonner la volonté de l'homme à l'empire de l'homme, qui a créé et l'homme qui commande et l'homme qui obéit. Celui-là n'a pas pu abandonner à d'autres êtres, supérieurs même à l'homme, son empire sur l'homme, qui tient essentiellement sous son empire et l'homme et tous ces êtres supérieurs à l'homme. Donc toute autorité, soit dans les mains de l'homme, soit dans tout être supérieur à l'homme, émane essentiellement de Dieu, est essentiellement subordonnée à Dieu.

3°. Mais ce Dieu qui avoit créé l'homme pour la société, n'a pas toujours déterminé l'espèce d'autorité sous laquelle la société doit exister. Elles sont insensées, sans doute, et contraires à toute possibilité morale, ces suppositions de millions d'hommes habitant sous un même climat sans souverain, sans subordination. Mais il est quelques individus qui peuvent vivre épars, indépendans; il est des hordes, des familles isolées; il est même des suppositions moins chimériques, où une nation entiére peut voir la dynastie de ses souverains s'éteindre, l'ancien gouvernement cesser, et le besoin appeller un nouvel ordre de choses. Il n'est pas impossible de concevoir une révolution qui, pour quelques instans, nous montre des millions d'hommes libres d'un premier pacte social, et dans une indépendance instantanée, maîtres de se choisir une nouvelle forme de gouvernement, de fixer par leur choix la nouvelle autorité sous laquelle ils préfèrent de vivre. Eh bien, dans l'instant même où ces individus, où ces peuples passent de l'indépendance sous l'autorité, nous disons que Dieu même, et Dieu seul crée l'autorité sur eux; nous disons que sous l'empire des gouvernemens déja établis, chaque fois que l'autorité doit changer ou de forme ou de main, c'est l'action de Dieu seul qui la change ou la transporte.

Quant aux individus, quant aux peuples eux-mêmes, nous l'avons abondamment démontré, il est impossible que l'autorité sur eux naisse, ni d'eux-mêmes, ni de l'homme qui seroit supposé l'acquérir sur eux. Dans l'instant où leur indépendance cesse, ce qui fut vrai jusques à ce moment, ne cesse pas de l'être en ce moment. Alors, tout comme auparavant, il sera vrai de dire, nul devoir ne peut être imposé à l'homme, si ce n'est par un être supérieur à l'homme; alors encore il sera vrai de dire : celui-là seul peut faire et à l'individu et au peuple un devoir de fléchir sous une autorité naissante, qui seul sous son empire légitime tient toutes les volontés du peuple et de l'individu; qui seul pourra nous dire : « tu voudras parce que je veux; et tu seras coupable en cessant de vouloir ce que je veux. Jusques à ce moment ta conscience seule avoit été pour toi l'interprête de mes volontés, de tes devoirs. En ce moment, j'aurai auprès toi un autre organe. Cet homme jusqu'ici ton égal, ne l'est plus ; je l'ai fait mon ministre ; il parlera pour moi ; ses volontés seront pour toi mes volontés ; ses loix seront mes loix ».

Le Dieu de l'homme peut seul tenir à l'homme ce langage ; s'il ne l'a pas tenu, s'il n'est pas supposé l'avoir tenu ; si cette voix n'a pas retenti dans la conscience de l'être indépendant, celle de l'homme qui vient lui commander, reste la voix de l'homme, la voix de son égal ; le devoir d'obéir n'existe pas ; donc pour donner naissance à ce devoir, et par conséquent au devoir et au droit de commander, à l'autorité même, il faut absolument que ces droits, ces devoirs soient créés par Dieu même ; donc nul gouvernement ne pourra commencer, si ce Dieu ne crée l'autorité.

4°. Dans ce gouvernement déja existant, ou bien c'est un nouvel ordre de loix, ou ce sont de nouveaux agens à établir ? Nous pourrons appliquer nos principes ; ils ne varieront pas ; et ici même ils montreront l'action de l'homme nulle sans l'action de Dieu.

Nous vous dirons : l'ancien ordre des choses n'a pu être un devoir et pour vous et pour moi, que par la volonté de ce Dieu supérieur et à vous et à moi ; donc un nouveau devoir ne peut, en renversant cet ordre des choses, m'en prescrire un nouveau, si cette volonté supérieure à la vôtre, à la mienne, ne cesse d'exiger ce premier devoir, n'en prescrit un nouveau.

Nous vous dirons : cet homme qui se donne aujourd'hui pour l'organe de l'autorité, ne l'étoit pas hier ; le devoir de lui obéir n'existoit pas hier, par cette raison seule que sa voix étoit celle de mon égal ; donc, s'il faut aujourd'hui que je lui obéisse, il faut aussi que sa voix près de moi, soit devenue l'organe d'une être supérieur et à lui et à moi. Elle n'a pu devenir l'interprête de cet ordre supérieur, ou de Dieu, que par l'intervention, l'action de ce Dieu m'ordonnant d'écouter aujourd'hui comme lui-même, cet homme que la veille je n'ai pu écouter que comme mon égal; donc l'action de ce Dieu peut seule lui donner autorité sur moi. Or cette action de Dieu est immédiate; je peux bien la connoître par l'homme, m'annonçant un nouveau supérieur, mais l'homme ne peut pas créer lui-même la supériorité; l'homme dont Dieu se sert pour m'annoncer que la voix de mon égal est désormais pour moi la voix de Dieu, n'applique pas lui-même la volonté de Dieu à celle de ce nouvel agent; donc soit que l'autorité commence dans l'état, soit qu'elle varie ses formes dans le gouvernement, soit que gardant ses formes, elle passe simplement à de nouveaux agens; c'est Dieu voulant, qui crée immédiatement l'autorité, ses droits et ses devoirs; c'est Dieu prescrivant de nouveaux devoirs, qui varie les formes de l'autorité; c'est Dieu même adoptant de nouveaux interprètes de sa volonté, qui donne à l'autorité de nouveaux agens, soit comme souverains, soit même comme agens subordonnés.

5o. Je le sais, des sarcasmes de la part d'une philosophie dédaigneuse seront sa première réponse à cette théorie de toute autorité ; mais je le sais aussi, tous ces sarcasmes du faux sage ne sont eux-mêmes que la théorie du dépit, de l'impuissance où il se voit réduit d'opposer des vérités sérieuses et des raisons prépondérantes à nos démonstrations. Que nous objecte-t-il en effet ? Que dans cette théorie, le souverain devient un ministre de Dieu pour ses sujets ; que cette théorie est celle de l'orgueil et du despotisme pour les rois, celle de l'oppression, de l'esclavage pour les citoyens. Insipide et puérile objection ! vaine affectation d'une terreur panique, où tout invite l'homme à s'applaudir, le citoyen à se réjouir !

Dans cette théorie, le roi devient un ministre de Dieu. Tant mieux ! j'aime à croire que l'homme ne peut avoir pour souverain et pour maître qu'un Dieu. Tant que l'homme ne peut parler qu'en homme, qu'il ne prétende pas au droit de dominer sur l'homme. Voilà le vrai principe d'égalité parmi les hommes. Elle est trop constatée ; il faut essentiellement plus que l'homme, pour commander à l'homme.

Dans notre théorie le roi devient un Dieu ? Tant mieux ! il agira en ministre de Dieu, il n'aura de faveurs que pour les bons ; il ne sera terrible qu'aux méchans. Il saura que ce peuple est un composé d'hommes, tous enfans de son Dieu ; il ne craindra rien tant que d'irriter ce Dieu, en traitant ses enfans comme de vils esclaves. Il saura que ce Dieu exigera un jour le compte de l'usage qu'il a fait d'un pouvoir qui ne lui fut donné que pour le bonheur d'un peuple composé des enfans de son Dieu. Il saura que la prépondérance de ses ordres et de sa volonté vient toute de la volonté de son Dieu même. Il ne voudra que ce que veut ce Dieu dont il est le ministre. Il saura que devenir ministre de ce Dieu auprès du peuple, c'est essentiellement devenir le protecteur, le vengeur, la seconde providence, et le père du peuple. Ah ! puisse cette idée : je suis le ministre de Dieu, ne jamais s'effacer du cœur des rois, des magistrats, de tout agent d'autorité publique.

Puisse le peuple même voir toujours dans ses rois, dans ses magistrats, les ministres de son Dieu ! Il les respectera, il les chérira tous; c'est alors que la loi sera puissante. Insensés ! vous osez ajouter : mais si les rois abusent...... répondez donc vous-mêmes. Mais si le peuple abuse... et si l'usage même de vos principes par le peuple est par lui-même un abus continuel de la raison, une source perpétuelle de désordre, d'anarchie, de malheurs pour le peuple; si vos principes même sont la destruction de toute autorité ; votre philosophie aura-t-elle donc fait un chef-d'œuvre de génie et de prudence, en effaçant un principe essentiellement vrai, par la raison seule qu'il peut devenir le prétexte du méchant, pour y substituer un principe essentiellement faux, et dont l'usage même est la grande raison du méchant ? Parce qu'il est possible que l'homme abuse de l'autorité, aurez vous fait un grand chef-d'œuvre, en sapant le fondement de toute autorité ; en rendant impossible, inconcevable l'existence même de l'autorité ? Parce que l'homme abuse des loix les plus louables, aurez-vous fait un grand chef-d'œuvre en détruisant toutes les loix ? Parce que l'abus, la fausse application d'une vérité même, a ses dangers, faut-il y substituer une erreur, un principe dont l'usage est, et ne peut être que désastreux ?

Génies insensés ! voilà ce que vous faites ; en transportant à l'homme et à la multitude le principe d'autorité. C'est l'anarchie même que vous réduisez en principe. L'autorité n'existe pas, et il est impossible qu'elle existe dans vos systêmes. Cette égalité même dont vous partez est essentiellement contradictoire à tout devoir pour l'homme d'obéir à l'homme, et à tout droit pour l'homme de commander à l'homme. Vous recourez au nombre, vous appellez le peuple ou la nation, pour commander à l'individu ? montrez-moi que l'autorité existe dans le nombre ; que deux hommes ou dix auront autorité sur moi, par cela seul que je suis un, et qu'ils sont dix. Comme il est très-possible que je sois plus plus fort que deux, que la minorité soit plus forte que la majorité ; prouvez-moi donc que j'ai par cela seul, autorité sur deux ; que la minorité par cela seul, a droit de commander à la majorité.

Quand vous réussiriez à écarter tout ce que nous avons opposé à cette souveraineté de la multitude ; voyez ce que produit sa prétendue au torité. C'est elle qui fit la loi ; c'est elle aussi qui après l'avoir faite, se délie aussi facilement qu'elle s'étoit liée. C'est elle qui assiège le magistrat, et qui rit d'une loi que le magistrat ose lui opposer, d'une loi dont elle vouloit hier, dont elle ne veut plus aujourd'hui, parce qu'elle se croit souveraine aujourd'hui comme hier. C'est elle qui s'élève toujours sans crime comme sans frein contre l'autorité, parce que l'insurrection est toujours sans crime dans celui qui, principe d'autorité, la révoque aujourd'hui comme il la donnoit hier ; c'est-à-dire, parce que le systême que vous opposez au vrai principe de toute autorité, est essentiellement le systême de l'indépendance, de l'anarchie, le systême incompatible par lui-même avec l'autorité. Il valoit bien la peine d'affecter tant de zèle contre quelques abus que l'homme peut faire d'une autorité dont Dieu est le principe, pour bâtir au peuple une constitution dans laquelle l'autorité n'existe pas, ne peut pas exister sans démentir la constitution même.

6o. Vous ne le croyez pas en effet, que reduite à elle-même et à tous vos contrats, cette constitution et toute la prétendue souveraineté de la nation suffisent pour donner l'existence à une vraie autorité. Si vous en êtes bien persuadé, et si ce peuple souverain nous croit vraiment liés par le devoir d'obéir à ses vœux, à cette constitution dont il a prétendu faire une loi pour lui et une loi pour nous; qu'est-ce que ce concours au champ de Mars? Qu'est-ce que cette invitation si solemnelle à venir prendre un Dieu à témoin de notre fidélité à la constitution? Qu'est-ce que ce serment que vous nous prescrivez? et pourquoi toutes ces inquiétudes sur ceux qui le refusent? Si c'est déja un vrai devoir pour nous que de fléchir devant la multitude; si cette multitude par sa volonté seule croit déja toutes ces nouvelles autorités établies dans l'empire, pourquoi cet acharnement à exiger de nous le serment de fléchir sous ces autorités? et si elle se croit elle-même liée par le devoir à cette constitution, pourquoi ce nouveau lien qu'elle contracte à la face des cieux et des autels? pourquoi invite-t-elle un Dieu lui-même à être le témoin de ses nouveaux engagemens?

Vous ne la direz pas la vraie raison; nous la dirons pour vous. Ce peuple fait ici ce qu'ont fait tous les peuples, parce qu'il sait très-bien ce qu'ont su tous les peuples, que sans l'intervention, et sans la sanction d'un être supérieur à l'homme, de ce Dieu qui peut seul exercer son empire sur l'homme, toute l'action de l'homme est nulle pour créer l'autorité. Vous avez dit à ce peuple qu'il étoit souverain; malgré toute son avidité pour ce principe, malgré toute l'envie qu'il a de croire à son autorité, il n'a pas réussi à s'en convaincre. S'il avoit bien pu croire à son autorité, il nous croiroit liés par le devoir d'obéir à sa voix, par cela seul qu'elle s'est fait entendre ; il croiroit que ce devoir suffit pour réveiller votre conscience et le remords, chaque fois que ses loix ne seront pas les vôtres. Il sait bien qu'il n'a pas cet empire sur vous, il sait bien qu'a lui n'appartient pas de vous lier autrement que par la force ou par l'empire des tourmens ; qu'il ne lui est pas donné de créer pour vous un vrai devoir, et pour lui un vrai droit sur votre volonté. Il sait donc bien aussi qu'a lui n'appartient pas de se donner autorité sur vous. Voila pourquoi il cherche à vous unir à la constitution par une autorité toute autre que la sienne, par celle de Dieu même.

Il sait bien plus ce peuple ; il sait que pour lui-même, cette constitution n'est pas un vrai devoir, tant qu'elle n'est fondée que sur sa volonté ; il sait que sa volonté propre n'est un lien ni pour lui ni pour personne. Voilà pourquoi il cherche à se lier par une volonté supérieure à la sienne ; voilà pourquoi il appelle son Dieu par ses sermens. C'est donc dans la sanction de ce Dieu, que malgré vous, malgré tout son orgueil, ce peuple et tous les peuples ont réellement vu dans tous le tems, le vrai, le seul principe générateur de toute autorité.

Je n'examine pas ici cette constitution en elle-même, je n'examine pas si sa nature même vous permettoit d'en faire l'objet de vos sermens ; si en violant tous ceux qui vous lioient antérieurement, vous avez pu imaginer qu'un Dieu les oublieroit aussi, et s'il ne prendroit point pour un hardi parjure, ce que vous lui offriez comme un serment religieux. Quelle que soit l'autorité nouvelle que vous prétendiez établir, il me suffit de voir que vous n'avez pas cru cette autorité véritablement établie avant cet instant même où vous avez cru voir un Dieu la sanctionner.

Vous nous avez d'abord montré ce peuple contractant avec son premier roi. Mais dans ce contrat même le peuple a-t-il tout dit, quand il promet au prince d'obéir à sa voix ? Le prince a-t-il tout dit, quand il promet au peuple de n'user de son sceptre, que pour le salut du peuple ? Toute réciproque qu'étoit cette promesse, suffit-elle jamais pour rassurer le prince sur cette autorité, pour persuader au peuple que cette autorité ne seroit pas la tyrannie ? De part et d'autre on est trop persuadé que si l'homme entre seul dans ces promesses, elles porteront toutes sur les moyens de l'homme. De part et d'autre on sait que l'intérêt du jour cessant, tous les devoirs se borneront à l'apparence, tous les droits à la force ; que les promesses cesseront dès que des volontés mobiles comme l'intérêt et les moyens, rétracteront un premier vœu. Pour fixer ces devoirs et ces droits, c'est un garant qu'il faut aux peuples et aux chefs. Ce garant, ce n'est pas autour d'eux qu'ils le cherchent. Leurs yeux n'y trouveroient que des hommes comme eux ; et il leur faut un Dieu qui lie toutes

les

les volontés, qui mette les promesses sous l'empire des consciences, pour exercer le sien sur les consciences mêmes. Il ne faut plus qu'ils soient seuls à vouloir ; il faut que ce Dieu veuille ; et pour qu'il veuille, observez leur serment. Ils ont dit : nous jurons. Il est profond ce mot, que vous avez peut-être profané sans l'entendre. Ils ont dit : *nous jurons* ; c'est-à-dire, « toi dont la volonté ne change pas, toi qui seul peux lier irrévocablement celle de l'homme, écoute le vœu que nous formons. Jusques à ce moment tu nous laissas le choix du prince qui doit nous diriger. Jusques à ce moment notre volonté libre n'étoit point criminelle devant toi, pour n'avoir vu dans lui que notre égal pour n'avoir point connu dans lui de droit sur nous. Jusques à ce moment il n'a point eu lui-même de devoir à remplir près de nous. Il n'étoit point coupable, pour n'avoir point veillé au salut de ce peuple. Impose sur sa tête tous les devoirs et d'un père et d'un roi à notre égard ; impose sur la nôtre tous les devoirs des sujets à l'égard de leur prince, des enfans à l'égard de leur père. Nos promesses, nos pactes ne sont pas un lien auprès de toi, si tu ne les acceptes. Celui-là ne sera point coupable auprès de toi, qui n'aura pas manqué à ta volonté même. Que cette volonté devienne en cet instant ce qu'est la nôtre. Sanctionne ce pacte par lequel nous voulons nous lier. Confonds les intérêts de ta justice avec les intérêts de nos promesses. Fais que celui de nous qui les aura violées, soit coupable à tes yeux, comme celui qui a violé ton pacte. Que celui qui les observe, soit pour toi comme l'homme soumis à ta volonté même ».

Ce vœu est prononcé; un Dieu l'a accepté; dès cet instant l'autorité, ses devoirs et ses droits existent ; un Dieu les a créés par sa sanction, un Dieu est leur garant. Jusques à ce moment l'homme seul avoit parlé ; son langage exprimoit le besoin de l'autorité, il ne la créoit pas. D'un côté ce peuple disoit au chef qu'il désignoit: nous voulons que votre devoir soit de veiller sur nous, et de tout diriger pour notre salut. De l'autre ce chef même répondoit : je veux que votre devoir soit d'obéir à ma voix. Et le chef et le peuple desiroient ces devoirs ; leur desir et leur volonté ne les imposoient pas. Un Dieu a exaucé leur desir, accepté leur serment ; c'est-à-dire, un Dieu veut désormais que ces devoirs réciproques existent ; il le veut ; dès l'instant ces devoirs existent par cette raison seule que sa volonté est supérieure à toute volonté ; que c'est un crime de ne pas vouloir, de ne pas faire ce qu'elle veut ; que pour tout homme c'est un devoir étroit et rigoureux d'être soumis à ce que veut son Dieu.

Mais vous n'avez pas vu ce Dieu acceptant ce serment, sanctionnant ce pacte, vous déclarant sa volonté; non, vous ne l'avez pas vu, il ne s'est pas montré à vous dans l'appareil de sa gloire. Mais vous avez senti l'effet de sa présence, et il s'est fait entendre à votre cœur. Essayez désormais de violer ce pacte dont vous avez voulu qu'il fût témoin, et vous verrez comment il sait le soutenir, comment il se fera entendre à votre conscience. Rétractez vos promesses, si vous l'osez ; dites encore que vous êtes le maître de ne plus vouloir aujourd'hui ce que vous vouliez nier, et vous entendrez au-dedans de vous-même retentir cette voix : Tu cesses de vouloir, mais je n'ai point cessé ; mais je veux aujourd'hui ce que je voulois hier. Lorsque j'ai accepté ton serment, je me suis engagé à punir les volontés mobiles, rétrogrades, inconstantes, rebelles ; et je les punirai. Je tiendrai ma promesse, je la tiendrai par-tout, je la tiendrai sur tous. Les complots des ténèbres n'échapperont pas à ma vue ; et je les punirai comme les rebellions à force ouverte. La force, les prétextes, le nombre, les millions de rebelles ne m'imposeront pas ; je punirai celui que j'ai promis de punir ; et s'ils sont tous coupables, je les punirai tous ».

Le chef qui n'aura pas entendu cette voix, ignore encore et la sévérité de ses devoirs, et la rigueur des droits que les peuples ont sur lui. Il ignore le juge, le vengeur de ces devoirs, le garant de ces droits ; il ignore jusques à la nature de cette autorité qu'il prétend exercer. Il ne sera pas roi ; il sera le despote et le tyran du peuple. Il fera consister l'autorité dans sa volonté propre ; elle sera toute dans ses passions et leurs moyens ; elle sera la force sans cesse combinant les projets de l'intérêt avec la ruse des conseils et avec la perfidie des politiques ; elle ne sera pas autorité.

Si le peuple n'a pas lui-même entendu cette voix, il s'est soumis à l'homme ; il ne verra dans ses chefs que des hommes. Il ne reconnoîtra leur force que dans la division des siennes ; il les réunira ; ses bandes, ses fureurs, ses caprices, son impéritie dirigée par les factions feront tous ses droits comme tous ses devoirs. Il n'a que les moyens des taureaux indomptables des tigres déchaînés ; il ne connoîtra pas l'autorité.

Que cette voix, qu'un Dieu peut seul faire retentir dans le cœur des mortels, soit entendue par le peuple et les chefs ; tout prend une autre face. D'un côté tout appelle vers le bonheur public ; de l'autre chacun suit le sceptre directeur. Mais cette voix ne peut être entendue qu'au moment où le Dieu du monarque et du peuple cessera d'être nul pour leurs contrats. Donc l'instant où ce Dieu intervient dans ces contrats, prend sur lui les promesses et les élève à sa volonté propre, est le moment précis et décisif où naît l'autorité ; donc son intervention, sa volonté sanctionnant ces contrats, est le principe générateur, immédiat de toute autorité.

Nous sommes loin de dire que pour la faire entendre, cette voix qui seule et crée et garantit les devoirs, les droits du monarque et du peuple, Dieu attende toujours vos contrats, vos sermens.

Nous prétendons bien moins encore, que toute autre promesse ne devienne devoir qu'à l'appui du serment. Nous le savons, un Dieu principe général de toute justice, adopte et garantit toute promesse juste, ses devoirs et ses droits respectifs, dès-lors qu'elle est promesse. Mais nous ajoutons : lorsqu'une promesse tombe sur un objet dont il n'appartient pas à l'homme de disposer, sur un objet qu'il ne peut, par lui-même, tenir sous son empire, la promesse bornée à l'action de l'homme est essentiellement nulle. Elle n'est et ne peut devenir valide que par l'intervention d'un être supérieur à l'homme, d'un Dieu qui donne cet empire que l'homme ne peut donner, qui rende l'homme habile à posséder en vertu d'un titre supérieur, ce qu'il ne peut posséder comme homme. Telle est essentiellement toute promesse qui tend à transporter le domaine des volontés humaines. Nul ne peut ni se faire à soi-même, ni recevoir d'un homme son égal le devoir de plier sa volonté sous l'empire d'un homme son égal; il faut absolument qu'un être supérieur et à l'un et à l'autre intervienne pour imposer ce joug; il faut, pour constituer l'homme supérieur à ses frères, un titre supérieur à celui de l'homme. Pour conférer ce titre, il faut que Dieu lui-même établisse son ministre, celui dont la volonté doit dominer; il faut absolument qu'il adopte la volonté d'un homme pour la rendre supérieure à celle d'un autre homme. Cette adoption précédée de nos sermens, ou même indépendamment de nos sermens, est un acte immédiat de la divinité; cette adoption seule rend l'homme supérieur à l'homme; seule elle confère l'autorité à l'homme. Donc le principe générateur, unique, immédiat de toute autorité sur l'homme, c'est Dieu lui-même.

Nos vains sages n'ont-ils pas dit eux-mêmes: *si Dieu n'existoit pas, il faudroit l'inventer*? Ils l'on dit pour concevoir que le droit, le devoir puissent naître de nos contrats, de nos promesses sur nos propriétés. Mais quoi! l'homme supérieur par son intelligence à tout être non intelligent, ne pourra pas même disposer en souverain des objets les plus vils; sa propriété, sans l'idée d'un Dieu, n'existera pas; rien ne m'imposera le devoir de la respecter; rien ne lui donnera le droit d'en conférer le domaine à un autre homme: et sans l'idée, sans l'intervention de ce Dieu, vous concevez que l'homme peut disposer d'un être intelligent, de sa volonté même, ou de celle de son égal, acquérir ce domaine, ou le donner, faire naître à son gré pour ses semblables le droit et le devoir de commander ou d'obéir?

Il seroit vrai de dire qu'une société d'athées seroit une société sans idée de droits et de devoirs; et une société d'athées quant à l'autorité, c'est-à-dire, une société qui verroit dans son Dieu un être nul quant au principe et au maintien de l'autorité, connoîtroit les devoirs et les droits qui constituent l'autorité ! Non ; si Dieu n'existe pas, ou s'il est pour l'autorité comme n'existant pas, s'il n'intervient dans ces contrats dont vous faites la source de toute autorité, s'il n'adopte, ne sanctionne ces contrats, s'il n'élève à sa volonté même les volontés, les promesses de l'homme, l'autorité n'existe pas. Or l'intervention, la sanction de cet être suprême est essentiellement suivie de son effet; l'autorite qui n'existe pas s'il ne le veut pas, existe essentiellement dès qu'il le veut. Où vous n'avez pas l'idée d'une démonstration philosophique et rigoureuse; ou vous direz désormais avec nous : donc il est démontré que toute autorité vient essentiellement, uniquement, immédiatement de Dieu.

Si je n'ai pas vaincu vos préjugés, dites en ce moment que faire intervenir un Dieu pour l'établissement de toute autorité, ce n'est pas raisonner en philosophe; mais dites nous aussi dès lors ce que c'est à vos yeux qu'un philosophe. Pour mériter ce titre auprès de vous, faudra-t-il donc chercher le principe de toute autorité où toute la raison ne montre que l'absence de ce principe, et la nullité même de toute autorité faute de ce principe ; parce que sous le titre de philosophe, des mortels insensés n'aiment point à recourir à Dieu, pour l'existence de cet univers même, faudra-t-il ne reconnoître de démonstration philosophique que dans leurs systêmes absurdes et informes sur l'origine de l'univers ? Notre philosophie, à nous, c'est la recherche de la vérité par les lumières de la raison ; c'est la disposition à suivre la vérité quelque part qu'elle se rencontre, et quelques préjugés qu'elle blesse ; et si la raison nous élève jusqu'à Dieu, pour nous montrer dans son intervention, le seul principe actif et immédiat créant l'autorité, comme elle nous élève à ce Dieu, pour nous montrer dans lui le seul principe actif et immédiat créant cet univers, nous rejettons une fausse sagesse qui ne veut plus de ce principe, uniquement parce qu'il est dans Dieu; qui appelle principe tout ce qui ne l'est pas, plutôt que de le voir dans le seul être où il puisse exister. Nous rejettons une école insensée qui se flatte d'avoir trouvé la source, l'origine des choses, parce qu'elle a dénaturé les choses même; qui sans cesse confond l'indépendance, ou l'absence de toute autorité, avec l'autorité; qui a cru reconnoître la souveraineté dans des millions d'hommes qui n'en ont que l'extrême besoin; qui veut en voir la source, tantôt dans des contrats, ou des sermens, qui n'en sont que le vœu, les conditions ou les préliminaires, qui de la part du peuple en seroient l'abandon, s'ils en supposoient l'existence dans le peuple. Nous l'avouons sans peine, cette confusion de toutes les idées n'est point notre philosophie. Nous n'en voulons point d'autre que celle qui consiste dans la rigueur même et dans toute la rectitude de la raison. Celle-ci nous a dit : créer l'autorité, c'est créer des devoirs et des droits, c'est établir un homme supérieur à des hommes; un Dieu seul peut créer ces devoirs et ces droits; seul il peut rendre l'homme supérieur à l'homme; donc Dieu seul peut créer l'autorité. La vraie philosophie, dans toute la rigueur de ses démonstrations, a tenu ce langage, et nous en avons conclu : donc le principe générateur de toute autorité c'est Dieu. Nous suivrons sans crainte cette même philosophie dans des conséquences que désormais la vôtre s'efforceroit en vain de réfuter.

Conséquences du chapitre II.

1°, la vraie philosophie nous dit : un Dieu seul peut créer l'autorité; elle n'étoit donc pas si absurde, cette religion, qui par la bouche de ses apôtres ne cessoit de vous dire : il n'est point de puissance, ou point d'autorité, qui ne vienne de Dieu; *non est enim potestas nisi à Deo* (ad. Rom. c. 13). Il n'étoit donc pas si étranger à la philosophie ce sage de nos livres saints, qui disoit aux potentats eux-mêmes : rois et juges des peuples, écoutez ; vous qui régnez sur la multitude, et qui vous complaisez dans le nombre de vos sujets, toute votre puissance vous a été donnée par le très-haut. *Audite ergo reges et intelligite; discite judices finium terræ, et præbete aures, vos qui continetis multitudines, et placetis vobis in turbis nationum. Quoniam data est à Domino potestas, et virtus ab altissimo.* (Sap. ch. 6.)

2°. La vraie philosophie nous a dit : un Dieu seul peut créer l'autorité. Cette même philosophie ajoute : ce Dieu qui seul créa, et qui seul peut créer l'autorité, peut aussi la créer comme il veut, par les moyens qu'il veut; donc il n'a eu besoin pour établir l'autorité, ni du concours des peuples et de leurs volontés, ni de votre contrat primordial, ni de votre contrat secondaire, ni de tous vos contrats sociaux; donc tous ces contrats sont une supposition purement gratuite et arbitraire, quand il s'agit de remonter à l'établissement des premiers empires et des premiers souverains ; donc ils ne sont pas si absurdes nos livres saints, lorsqu'ils nous montrent avant tous vos contrats, un Dieu donnant lui-même un premier chef, un premier roi aux premières nations de l'univers. *In unamquamque gentem praeposuit rectorem.* (Ecclesiastiq. ch. 17, v. 14).

3°. La vraie philosophie nous dit : un Dieu seul peut créer l'autorité ; cette même philosophie ajoute : ce Dieu peut la donner à qui il veut, à un ou à plusieurs. Cette philosophie dit encore : la multitude est pour être conduite, et non pas pour conduire. Elle n'est donc pas si étrange, cette religion qui n'a pas encore vu cette prétendue souveraineté inhérente à la multitude ; qui pour la multitude sans exception, n'eut jamais d'autres préceptes que ceux de la soumission aux princes et aux chefs qui ont reçu l'autorité. *Omnis anima potestatibus sublimioribus subdita sit.* (Ad. Rom. c. 13).

4°. La vraie philosophie nous dit qu'un Dieu ne crée l'autorité qu'en élevant tout homme qui l'exerce à la dignité même de son représentant. Elle est donc émanée de la même source que la vraie philosophie, cette religion, qui dit au peuple : vos rois, vos magistrats sont les ministres de votre Dieu ; ils le sont pour réprimer les méchans pour protéger les bons. Celui-là résiste à Dieu et à sa volonté, qui résiste à la puissance ou à l'autorité. *Dei enim minister est tibi in bonum--Dei minister est, vindex in iram ei qui malè operatur*... (Ep. Pet. ch. 2.) *Qui resistit potestati, Dei ordinationi resistit.* Ad Rom.

5°. La vraie philosophie, en faisant des chefs, des souverains, des magistrats du peuple, les ministres de Dieu, place l'autorité et tous ses droits, l'ordre public, la loi, sous la sauve-garde de la conscience même, de ce juge qui seul prévient les infractions malgré la force et les ténèbres. Elle est donc bien essentiellement liée à la vraie philosophie, cette religion, qui ne cesse d'exhorter ses enfans à obéir à tout homme élevé en dignité, non seulement par crainte de l'indignation et des moyens de l'homme, mais pour Dieu, par devoir, et en conscience, et parce que telle est la volonté d'un Dieu qui juge les rebelles, et prononce sur eux la sentence d'une damnation éternelle. *Subditi estote omni humanae creaturae propter Deum, sive regi quasi precœllenti, sive ducibus tanquam ab eo missis.* (Epis. Pet. 1, c. 2.) *Subditi estote non solùm propter iram, sed propter conscientiam... Qui autem resistunt, ipsi sibi damnationem acquirunt.* (Rom. c. 13.)

6o. La vraie philosophie, en faisant de tout homme constitué en dignité la seconde providence des peuples, lui montre ses devoirs dans le bonheur des peuples, dans la protection du juste, et la punition des méchans; elle avoit donc bien spécialement marqué la nature de toute autorité, l'essence même de ses devoirs, cette religion qui nous montroit dans toute autorité, l'ordre établi par Dieu, la providence de Dieu même; *Qui resistit potestati, Dei ordinationi resistit*: cette religion qui, dans tout homme revêtu de l'autorité, montre l'homme établi par Dieu, pour être le ministre de ses volontés auprès des bons à protéger, des méchans à punir, *Dei enim minister est tibi in bonum--Dei minister est vindex in iram ei qui male agit... Tanquam ab eo missis ad vindictam male factorum, laudem verò bonorum; quia sic voluntas Dei est.* (1. Pet. epis. c. 2).

7°, La vraie philosophie, en apprenant à l'homme constitué en dignité, qu'essentiellement égal par sa nature à tout homme son frère, il n'a pu devenir supérieur à l'homme, que parce qu'il a pu devenir près de l'homme le ministre d'un Dieu, lui dit par celà seul que s'il n'agit en Dieu auprès des hommes, s'il n'est bon comme Dieu, et juste comme Dieu, il doit se préparer à rendre de tout son ministère le plus terrible compte à ce Dieu mê-

me qui l'avoit établi son ministre. Qu'elle tressaille donc pour le bonheur des peuples, qu'elle applaudisse donc la vraie philosophie, à cette voix plus forte que la sienne, à la voix d'une religion redoutable aux tyrans, redoutable au magistrat inique, redoutable à tout homme qui n'aura fait servir l'autorité qu'à ses passions, et au malheur du peuple. « Ecoutez rois, et com-
» prenez le bien ; recevez mes ins-
» tructions, vous juges de la terre.
» Prêtez l'oreille, vous qui gouver-
» nez les nations. La puissance
» vous a été donnée par le Sei-
» gneur ; votre domination vient
» du Très-Haut; il interrogera vos
» œuvres, sondera votre cœur ». *Quoniam data est à Domino potestas vobis, et virtus ab Altissimo, qui interrogabit opera vestra, et cogitationes scrutabitur.* « Parce
» qu'étant les ministres de son em-
» pire, vous n'avez pas jugé équi-
» tablement; parce que vous n'a-
» vez point gardé les loix de la jus-
» tice, parce que vous n'avez pas
» marché suivant la volonté de

» Dieu ; bientôt il se montrera à » vous dans un appareil effroyable. » *Quoniam cùm essetis ministri regni illius, non rectè judicastis, nec custodistis legem justitiae, neque secundum voluntatem Dei ambulastis ; horrende, et citò apparebit vobis.* « Le jugement le plus rigoureux est réservé à ceux qui commandent les » autres. La compassion sera pour » les petits ; mais les puissans seront puissamment tourmentés ». *Exiguo enim conceditur misericordia ; potentes autem potenter tormenta patientur.* « Le Dieu de tous » n'exceptera personne ; la grandeur de qui que ce soit ne lui impose pas ; il a fait les grands comme les petits ; et il prendra un » soin égal de tous ». *Non enim subtrahet personam cujusquam Deus, nec verebitur magnitudinem cujusquam, quoniam pusillum et magnum ipse fecit, et æqualiter cura est illi de omnibus.* « Encore une fois, de plus forts » suplices attendent les plus grands. » C'est à vous, rois, que ces dis-

» cours s'adressent pour que vous » appreniez la sagesse, et que vous » ne sortiez point de ses voies. » *Fortioribus autem fortior instat cruciatio; ad vos ergo, reges, sunt hi sermones mei, ut discatis sapientiam et non excidatis.*

8°. Tel est l'accord parfait de la saine philosophie et de la religion ; tel est le redoutable appui que la religion prête à la saine philosophie sur l'autorité, sa nanature, son origine, sur l'être qui peut seul en garantir les droits, les devoirs respectifs, sur l'être qui peut seul la conférer. Elle est donc bien absurde cette école, qui voulant nous donner une constitution fondée sur le principe de toute autorité, commence par écarter le Dieu qui seul peut établir l'autorité, et par le rendre nul pour sa constitution. Elle est donc bien absurde cette école qui, voulant nous montrer l'autorité, n'appelle à l'établir que cette multitude sur laquelle il la faut établir. Elle est trois fois absurde cette école qui croit avoir fondé sa constitution sur la base des siècles, et bannit de ses loix le seul garant des loix, les fait toutes dépendre des volontés suprêmes de cette multitude, qui hier encore juroit de maintenir des loix inconciliables avec la constitution du jour; qui demain jurera de renverser la constitution de la veille, qui bientôt violera le serment du jour et de la veille, sans devenir parjure, sans avoir violé une constitution dont tous les droits seront la souveraineté mobile, et capricieuse, aveugle, comme la volonté de cette multitude.

9°. Elle s'est égarée, et s'est perdue dans ses aberrations constitutionelles, cette école des faux sages; je n'en suis pas surpris, c'est celle de l'impie. Elle a pu égarer la multitude; je n'en suis pas surpris. Dans cette multitude, qui se croit souveraine, et la source de toute autorité, où est l'homme qui médite la nature des choses, leur origine et leurs rapports? Où est l'homme que le fol enthousiasme de l'orgeuil combiné avec la phrénesie de la liberté, de toutes les passions, ne chasse pas loin de la vérité! Dans cette multitude, où est l'homme à la fois religieux et philosophe? Mais vous, hommes de loix, vous magistrats du peuple, citoyens éclairés de tous les ordres, qu'est-ce donc qui a pu vous fasciner les yeux, et vous rendre capables d'une erreur dont l'habitude de refléchir devoit au moins vous faire entrevoir les dangers comme l'absurdité.

Mais vous sur-tout, prélats constitutionnels, prêtres du nouveau culte, quel est donc cet étrange aveuglement? On vous voit prodiguer des éloges à ces nouveaux systêmes de souveraineté; on vous entend sans cesse exalter cette philosophie, qui a mis dans le peuple la souveraineté, et dans lui seul la source de toute autorité. Seroit-ce donc aussi pour épurer la religion, que vous abandonnez la loi et les prophêtes? Nos livres saints vous disent le plus expressément possible : *il n'est point d'autorité qui ne vienne de Dieu*; et cela est de foi, où il n'y a point de vérité de foi dans l'écriture ; car il n'y en a point de plus formellement énoncée ; et vous dites au peuple : il n'y a point d'autorité qui ne vienne du peuple ! Nos livres saints vous disent : c'est Dieu qui fait les rois, et c'est par lui qu'ils regnent ; c'est par lui que leurs loix sont les loix de la justice ; *per me reges regnant, et legum conditores justa decernunt ; per me principes imperant et potentes decernunt justiciam* ; (Prov. c. 8, v. 15). Et vous dites au peuple : c'est le peuple qui fait les rois ; c'est le peuple qui fait les loix ! Nos livres saints vous disent : tout homme qui exerce l'autorité, est ministre de Dieu, *Dei minister est* ; et vous dites au peuple : tout homme qui exerce l'autorité, est ministre du peuple ! Vous soumettez au peuple le ministre de Dieu ; vous substituez à la volonté de Dieu la volonté du peuple ! Quelle est donc cette théologie qui vie[illegible] par tout ici mettre le peuple à la place de Dieu ! Pour échapper à l'erreur dans la foi, je vous entends

entends répondre : l'autorité du peuple vient de Dieu seul ; celle des rois vient de Dieu et du peuple ; c'est-à-dire que pour échapper à l'anathême, vous biaisez sur la foi, vous rusez avec la foi. Où vous l'ont-ils appris, nos livres de la foi, que la source de toute autorité se partage entre Dieu et le peuple ; que le roi n'est ministre de Dieu que par le peuple ; qu'il appartient au peuple de donner à un Dieu son ministre, ou de le rejetter ?

Et quand ce Dieu adopte le choix que fait un peuple pressé par le besoin d'autorité, où vous ont-ils appris, ces livres de la foi, que ce peuple partage avec Dieu même, le pouvoir de créer les devoirs et les droits de l'autorité, d'établir l'homme supérieur à l'homme ? Où vous ont-ils appris que l'homme rebelle à l'autorité sera coupable, pour n'avoir pas fait la volonté du peuple, comme il sera coupable pour n'avoir pas fait la volonté de Dieu ? Que le devoir, tout comme le mérite de la soumission vient de l'essence même, de la surémineuce des volontés du peuple et de la nature, comme il vient de l'essence de suréminence des volontés de Dieu? Où vous ont-ils donné nos livres de la foi, des notions si hautement démenties par la philosophie même?

S'il est dans la nature des choses qu'un peuple tout entier, que vingt-cinq millions d'hommes soient soumis comme un seul, au souverain, à l'homme devenu l'interprête, le ministre de Dieu; s'il est contre la nature des choses qu'un peuple entier soit soumis à l'homme son agent et son ministre, à son interprête; puisque l'agent même, le ministre, l'interprête, est essentiellement soumis à celui dont il ne peut que rendre, exécuter les volontés; comment concevrez-vous que le souverain n'est ministre de Dieu, qu'autant qu'il est ministre de ce peuple?

Apôtres erronés de cette aveugle multitude à laquelle vous attribuez toute votre prétendue autorité, vous rougissez au moins d'exclure notre Dieu du principe d'autorité ; vous sentez qu'un accord trop parfait avec l'école d'Epicure sur l'origine de toute autorité, compromettroit nos dogmes avec trop d'évidence. Vous accordez quelque chose au Dieu des peuples. Vous consentez à voir le ministre de Dieu dans le monarque, pourvu que nous voyions aussi dans le monarque le ministre du peuple. Vous cédez quelque chose des principes d'une école d'athées, pourvu que nous cédions aussi quelque chose de la loi et des prophètes. Nous ne céderons rien ; nous vous dirons : il est impossible, il est absurde, que le monarque soit monarque à la fois, comme ministre de Dieu et ministre du peuple ; comme il est impossible que le peuple soit à la fois tenu et dispensé d'obéir au monarque. Or, le peuple et tout le peuple est tenu d'obéir au monarque ministre de Dieu, interprête des volontés de Dieu ; c'est le langage de l'évidence, comme celui de la religion ; ce même peuple est dispensé d'obéir au monarque, simple ministre et agent de ce peuple ; c'est le langage de l'évidence comme de toute la philosophie ; donc la philosophie et la religion rejettent absolument cet absurde mélange de ministre de Dieu, de ministre du peuple, que vous nous donnez pour principe d'autorité, soit dans le monarque, soit dans tout autre agent de l'autorité publique.

Vous avez voulu vous rapprocher du philosophisme en mollissant sur la religion et sur nos livres saints ; vous n'avez plus pour vous, ni la religion, ni la philosophie. Elles devoient vous abandonner à la fois l'une et l'autre, puisque vous les aviez entendues l'une et l'autre ne vous parler ici que le même langage.

Mais voulez-vous savoir plus spécialement ce que la religion pense de vos systêmes, de vos combinaisons moyennes sur le principe de toute autorité? Demandez à l'église ce qu'elle pense, non pas d'Epicure seulement, ou bien des Eclectiques parmi les payens ; mais ce qu'elle pense des Vaudois, de Jean de Ball, de Jean Hus, de Luther, de Muncer, de Calvin, de Richer; car ce sont-là vos pères; c'est-là l'honorable généalogie du principe d'Epicure sur l'autorité, mitigé, adouci, comme vous prétendez le mitiger et l'adoucir, comme sera forcé de l'adoucir quiconque au milieu de ses erreurs, au moins, reconnoîtra un Dieu et une providence. Tous ces termes moyens n'ont pas concilié l'église plus que la vraie philosophie avec votre prétendue source de toute autorité.

Faudra-t-il vous apprendre ce que l'histoire en doit faire penser à la saine politique? La Grece, perpétuellement agitée, et conduite à l'esclavage par un peuple rempli de vos principes; Rome, sous les Césars, forcée pour bannir l'anarchie, de chasser une secte de faux sages, apôtres de vos principes, Londres arrosée de sang, et le prototype de vos révolutions et de votre anarchie par les sermons de Jean de Bale; la Boheme arrosée de sang par les Hussites, l'Allemagne révoltée par les mêmes principes de Luther, dévastée par Muncer; la monarchie françoise luttant pendant des siècles contre les enfans de Calvin, remplis de vos principes; et de nos jours enfin toute cette anarchie, tous ces massacres, tous ces incendies, toutes ces horreurs d'un empire, qu'une philosophie détestable, qu'une hérésie jamais domptée entraînent vers sa perte, par ces mêmes principes; dans toutes les révoltes, dans tous les grands ébranlemens des empires, ces mêmes principes, cette même souveraineté inhérente au peuple, cette même autorité uniquement émanée du peuple, dans la bouche de tous les factieux, de tous les grands rebelles; et dans ses grands malheurs, dans ses grandes désolations, le peuple toujours dupe de sa prétendue souveraineté; voilà ce que la politique vous montrera dans les fastes des peuples, pour juger de vos principes sur la base de toute autorité. Et peut-être, enfin, apostats religieux, apostats philosophes, apostats politiques, sentirez-vous combien il est absurde et insensé, ce principe de toute autorité, qui n'est et ne peut-être que la destruction même de toute autorité. Nous vous avons montré celui que la philosophie, la religion, la saine politique dans un accord parfait, lui substituent. Nous avons exposé leurs leçons sur la nature et l'origine de l'autorité. L'ordre des choses nous conduit à traiter de la manière dont elle s'établit.

CHAPITRE III.

De l'établissement de l'Autorité.

1°. Après nous avoir vu démontrer que toute autorité vient essentiellement, immédiatement, uniquement de Dieu; qu'on n'imagine pas nous voir réduits à faire de tout gouvernement une vraie théocratie. L'application de nos principes a plus de latitude; ils s'adaptent, non pas à une seule espèce de gouvernement, mais à tous les gouvernemens possibles; non pas à une seule manière d'établir l'autorité, mais à toutes celles dont elle pourra naître, varier, se transporter d'un chef à l'autre, et cela sans recourir jamais à la théocratie.

2°. Qu'est-ce en effet que la théocratie? C'est un gouvernement dont l'histoire nous trace un exemple unique dans celui des Hébreux. C'est celui dont Dieu même trace toutes les lois, ou désigne les chefs d'une manière sensible, impérieuse, qui ne laisse plus rien au choix des hommes. C'est ainsi qu'il dicta le code de Moyse; c'est ainsi que, souvent ses prodiges, ou ses prophetes annoncèrent au peuple Juif les hommes qui devoient le gouverner. L'athée seul niera la possibilité d'un pareil gouvernement. Mais la philosophie ne cherche point à expliquer ces voies extraordinaires. Le monde intellectuel et moral, auquel l'autorité appartient par l'essence des devoirs et des droits qui la constituent, ce monde intellectuel a ses moyens naturels, et ses voies ordinaires, aussi-bien que le monde physique. Ces pieux mouvemens excités dans le cœur du juste; ces frayeurs, ces remords salutaires dans le cœur du méchant, quoique produits par une action immédiate de la divinité sur l'homme n'en sont pas pour cela autant de miracles; ils ne sortent pas des voies ordinaires de la providence

L'action de Dieu, quoiqu'immédiate sur le cœur des humains, n'exclura donc pas les moyens extérieurs, comme l'action immédiate de l'homme n'exclut pas l'instrument dont il peut se servir pour agir. Il en sera de même quant à l'autorité; elle consiste toute dans des rapports moraux; elle s'établira par des moyens aussi naturels dans l'univers moral, que le sont les moyens ordinaires dans le cours des choses physiques.

Pour établir et des chefs et des lois, un Dieu pourra laisser aux hommes le choix le plus libre de leur gouvernement, de leurs lois et de leurs chefs. Il n'exclura pas même ces moyens violens si malheureusement trop naturels à l'homme; mais où les yeux ne voient que le méchant et les forfaits de son ambition, la raison pourra voir un Dieu bon, un Dieu juste, créant ou transportant l'autorité pour le bonheur du peuple.

Quels sont-ils, en effet, ces moyens naturels qui nous montrent l'autorité, s'établissant parmi les hommes, ou transportée à de nouveaux chefs ? Ils sont dans les contrats des peuples ; dans ces prescriptions équivalentes aux contrats ; ils sont bien plus souvent dans ces moyens terribles, qui font d'une couronne le droit des conquérans ; ils sont dans ces moyens souvent plus odieux, qui montrent sur le trône l'usurpation même. Suivons l'autorité dans cette création, dans ces révolutions, et par l'application de nos principes, concevez-en toujours de plus en plus la vérité.

3°. Quant au pacte social, tout lecteur doit prévenir nos explications. Nous avons vu ce pacte se diviser en deux contrats. Le premier, celui de ces millions d'hommes encore indépendans, n'est entr'eux que la convention de se réunir sous un gouvernement et sous des chefs communs que leurs vœux appellent et qu'ils n'ont pas encore. Le second est celui de ces mêmes hommes faisant leurs conventions avec les chefs qu'ils ont élus pour l'établissement de ce gouvernement. Nous avons dit, je l'ai assez prouvé, que nul de ces contrats n'est par soi-même un acte d'autorité, bien moins encore de souveraineté ; qu'ils ne sont que le vœu, et n'expriment que les conditions de celle qui doit naître. Nous avons vu que le moment où cette autorité commence à exister, est celui où le pacte du peuple avec son chef se trouvant consommé, reçoit la sanction d'un être supérieur et au peuple et au chef, de cet être qui veut, qui garantit ce pacte, et dont la volonté fait désormais au peuple un devoir de plier sous la volonté des chefs, et aux chefs un devoir de veiller pour le salut du peuple, et de le diriger.

4°. Sur cette sanction de la divinité, vous allez nous demander quel est le genre d'autorité et de gouvernement qui commence à exister ? C'est ici que paroît dans tout son jour, l'accord de nos principes avec le vœu du peuple, et combien aisément ils se prêtent et s'appliquent à toute sorte de gouvernement.

Remontez au contrat primordial. Quel a été le vœu du peuple en ce moment? Tous ces hommes encore indépendans n'ont pas dit seulement : nous voulons un gouvernement; ils ont dit : nous voulons être gouvernés par un ou par plusieurs; nous voulons une monarchie, une république, un aristocratie; ils ont plus fait, si vous le voulez, ils ont fait un mélange de ces divers gouvernemens; ils ont fait un projet de constitution, qui doit servir de règle à ceux qui recevront l'autorité. Eh bien! ce gouvernement même qu'ils ont imaginé avec toutes ses modifications, pourvu qu'elles se concilient toutes avec la vérité et la justice, sera précisément le vrai gouvernement qui va naître. Toute l'autorité requise dans les chefs, pour le maintien de ce gouvernement monarchique, républicain, aristocratique, pur, mixte, tempéré, est précisément l'autorité que Dieu crée. C'est l'adhésion des chefs à ce premier contrat, à ses conditions, que Dieu sanctionne dans le pacte du peuple avec ses chefs. Le gouvernement sanctionné par Dieu, sera donc monarchique, républicain ou mixte, suivant ce premier vœu du peuple.

5o. Qu'ils se sont donc trompés grossièrement, ces hommes qui ont imaginé que la religion, par son essence, n'étoit propice qu'à une seule espèce de gouvernement; qu'elle exclut et rejette tous les autres ! La religion, comme la vraie philosophie, ne voit l'autorité et les gouvernemens exister que par la sanction d'un Dieu; mais la religion et la philosophie voient ce Dieu sanctionner tout pacte auquel est attaché le bonheur du peuple. La philosophie et la religion, dans un parfait accord, nous crient que violer ce pacte des peuples et des chefs, que chercher à détruire un gouvernement quelconque établi par ce pacte, que résister à une autorité créée par Dieu pour le maintien de ce gouvernement et de ce pacte, c'est un forfait que celui-là vengera sûrement, qui garantit ce pacte et crée l'autorité.

Il avoit donc dit vrai, mais il n'avoit dit que la moitié d'une grande vérité, ce factieux couvert du manteau d'une fausse sagesse, d'un faux patriotisme, quand il disoit que pour violer en France le pacte de nos pères, pour renverser la monarchie françoise, il falloit commencer par détruire notre religion, et *décatholiciser* la France! Il avoit vu cette religion bien plus que toutes nos sectes, attacher les peuples et les chefs aux grands principes de la morale. Il avoit fortement raison de dire que pour rendre un catholique rebelle à ses monarques, il falloit commencer par le rendre rebelle à sa religion. Mais ce qu'il nous disoit de la France, il pouvoit nous le dire du citoyen des républiques, et de tout autre état, comme du citoyen des monarchies. A Londres comme à Rome, à Genève comme à Madrid, à Venise et à Gènes comme à Paris; celui-là apostasie la religion catholique et toute sa morale, qui croit, sans déplaire à son Dieu, violer l'autorité publique, bouleverser les trônes, renverser les états, anéantir nos premiers sermens, et leur substituer impunément les vœux du parjure. Oui, il avoit dit vrai, l'impie Catilina; nous lui en savons gré; il rendoit à la religion catholique un hommage digne d'elle, quand il la disoit inconciliable avec les dogmes et les crimes de la révolte; mais il devoit à la vraie philosophie ce même hommage; il le devoit, non pas au catholique et au vrai philosophe François seulement; il le devoit au catholique et au philosophe de toute nation, de tout gouvernement appuyé sur la foi des traités et des sermens.

6o. Mais ces pactes antiques n'existent pas dans nos archives; et si l'autorité en suppose la preuve conservée, l'autorité presque partout aura perdu ses titres. Que s'ensuit - il de cette observation ? Que partout l'anarchie peut s'élever impunément ; que les peuples vont devenir par-tout la proie de ses fléaux, à moins qu'il n'existe pour eux un moyen équivalent au pacte primordial, et dont un Dieu se serve pour établir et constater l'autorité. Il s'ensuit donc aussi qu'un Dieu, ami des peuples, saura bien suppléer à ce contrat primordial et à ses preuves, toutes les fois que le salut des peuples l'exigera.

Vous ignorez encore, vous êtes condamné à ignorer toujours quel fut le titre du premiers des héros qui régna sur nos ancêtres ! Vous ignorez aussi quel fut le premier titre de vos pères à ce champ qui fait votre héritage. La *prescription* suffit à votre droit, par cette raison seule qu'ainsi l'a exigé l'intérêt du genre humain ; par cette raison seule qu'il n'est plus rien de stable dans la fortune des citoyens, si la prescription n'équivaut pas à nos contrats. Or l'intérêt du genre humain, le salut du peuple, ce grand objet de tout gouvernement, exige impérieusement aussi que la prescription soit pour l'autorité dans l'état, ce qu'elle est pour les propriétés dans les familles. Comme l'inquiétude régnera dans toutes les familles, si nulle prescription ne supplée le titre d'une acquisition primordiale; des troubles toujours prêts à s'élever, des semences de division toujours prêtes à éclore, tiendront aussi l'état dans une inquiétude perpétuelle; de cette inquiétude naîtront les partis, les factions, les guerres intestines, et les malheurs affreux de l'anarchie. Le Dieu qui fit la terre, qui en a conservé le domaine suprême, vous transporte par la prescription, une propriété sans titre primordial, vicieuse peut-être dans l'acquisition de vos ancêtres; le Dieu qui créa l'homme, qui conserve sur l'homme et sur sa volonté un domaine suprême, fait pour l'autorité des chefs ce qu'il fait pour vos champs. Pour le bonheur des peuples, il crée l'autorité sur la tête d'un chef qui ne l'eût point été par nos contrats ; il la crée par la prescription, comme il crée par elle la propriété pour vous, et pour nous le devoir de respecter votre possession.

7°. Il fera plus ce Dieu, ami du peuple ; si le salut des nations l'exige, il créera l'autorité sur la tête de l'usurpateur même. Que votre amour pour les loix éternelles de la justice ne se récrie pas ; n'allez pas supposer que nous nous apprêtons à justifier l'ambition et ses forfaits. Nous ne vous dirons pas l'autorité peut naître de l'usurpation, l'autorité s'acquiert par l'usurpation ; nous ne vous tiendrons pas ce langage, nous, qui ne voyons pas l'autorité naître de vos contrats les plus justes, quoiqu'elle suive vos contrats. Nous ne vous dirons pas que l'usurpation cesse jamais d'être un forfait ; lors même que nous vous montrerons l'autorité sur la tête de l'usurpateur, nous ne cesserons pas de le menacer des vengeances d'un Dieu, qui se réserve de punir un forfait que vous tremblez de voir couronné.

Mais nous vous prierons d'observer que cette autorité que l'usurpation ne donne pas, les vertus elles-mêmes ne l'auroient pas donnée. Quelque désirables que soient dans tout homme revêtu d'autorité, la probité et la justice, ce n'est pas précisément parce qu'il est juste, qu'un monarque a reçu l'autorité; c'est parce qu'il a pu devenir dans les voies de la providence, l'instrument du bonheur public, l'organe de la loi, l'interprête d'une volonté supérieure à la vôtre, et à celle du peuple. Ce Dieu qui avoit pu, avant le crime de cet usurpateur, en faire un instrument de salut, et l'organe de ses volontés auprès du peuple, a-t-il perdu ce droit et ce pouvoir par le crime de l'usurpateur? Cet arbitre suprême du sort des mortels péchera-t-il contre la justice, lorsqu'en se réservant de punir l'usurpation, il fera désormais à l'usupateur un devoir de veiller pour le salut du peuple? S'il le peut, s'il l'a fait, s'il a donné à chaque citoyen de vrais droits à la sollicitude et aux soins de Cromwel pour le maintien des loix et de l'ordre public ; et si par cela seul, il a fait à chaque citoyen un devoir d'obéir à la voix de Cromwel, direz-vous que ce Dieu en créant pour Cromwel ces devoirs, et ces droits pour le salut du peuple, n'a fait que couronner l'usurpation en ennemi du peuple et de la justice ?

Ce qui vous trompe ici, c'est l'habitude de voir l'autorité dans la pompe et l'éclat qui l'environne. Vous n'avez pas assez senti que tout cet appareil n'est pas l'autorité. Vous ne seriez pas ainsi révolté, si revenant toujours à nos principes, vous pensiez que donner l'autorité n'est pas donner l'argent et les trésors du peuple ; que c'est, dans toute la rigueur des termes, imposer le devoir de se consacrer désormais au salut du peuple ; que c'est rendre celui qui reçoit l'autorité, désormais responsable de la vie, de la liberté, des propriétés de chaque citoyen. Si cet homme élevé sur le trône pour veiller désormais sur le peuple, s'est chargé d'un forfait pour arriver au trône, reposez-vous du soin de punir ce forfait sur celui que n'éblouira pas l'éclat du trône. Tous les nouveaux devoirs qu'il impose aux méchans ne seront pas l'oubli de ceux qu'ils ont violés.

Mais comment distinguer le moment où ce Dieu, sans blesser la justice, sans effacer ou pardonner le crime de l'usurpation, par un acte suprême de sa volonté, transportera l'autorité à l'usurpateur même ? Pour satisfaire à cette question, gardons-nous de consulter l'intérêt de cet usurpateur. C'est le salut des peuples qui seul est le motif de ce transport d'autorité. Quand ce salut du peuple, quand le retour de la tranquillité publique ne vous montreront plus d'espoir que dans le nouveau sceptre, croyez alors qu'un Dieu, ami du peuple, a fait ce qu'exigeoit le salut de ce peuple ; et ne blasphêmez plus une providence qui de l'usurpateur a fait l'instrument, ou le dépositaire d'une autorité dont les droits et les devoirs sont dans l'intérêt même et le salut de la nation.

8°. Quant au *droit de conquête*, si la guerre fut juste, et malheureusement il en est qui le sont, si un peuple abusant de son indépendance, ou de sa liberté et de sa force, provoqua des vengeances, la philosophie ne s'etonnera pas que le Dieu des victoires soumette désormais l'agresseur au sceptre du vainqueur. Mais le succès des armes est celui de l'agresseur injuste. Sa conquête sera-t-elle aussi suivie d'une vraie autorité ? La question est déja résolue ; le conquérant injuste n'est qu'un usurpateur. Un même Dieu saura venger le sang qu'il a versé pour arriver au trône ; un même Dieu pourra lui imposer le devoir de veiller désormais sur le peuple qu'il a conquis. Il en fut le fléau ; il le seroit encore ; ce Dieu qui lui ordonne d'en devenir le protecteur, le père ; ce Dieu qui désormais va garantir tous les droits de ce peuple auprès du conquérant, nous donnera en preuve de l'autorité qu'il transporte, les mêmes signes qui nous ont fait juger de l'autorité transportée à l'usurpateur.

Vous nous objecterez ces loix éternelles de la morale qui font et à l'usurpateur et au conquérant un devoir rigoureux de restituer ce trône au prince légitime. Nous le disons ainsi que vous : le devoir de restituer ce trône subsiste et pour l'un et pour l'autre dans toute sa rigueur ; mais nous ajouterons : celui qui s'empara de votre champ contre les loix de la justice, avec le devoir de vous le restituer, n'a-t-il pas encore celui de le cultiver, de ne pas le laisser tomber en friche et se détériorer, jusqu'au moment de la restitution ? Quoiqu'obligé de restituer le sceptre, Cromwel, jusqu'au moment de la restitution, sera bien autrement obligé d'en user pour le bonheur du peuple et le maintien des loix, des tribunaux, de tout l'ordre public. Il est horriblement coupable en conservant ce sceptre ; il le seroit bien plus atrocement, si tandis

tandis qu'il le garde, il abandonnoit tout à la licence, à l'anarchie. Il a donc pour devoir jusqu'à ce qu'il le rende, de veiller sur le peuple. Ce même Dieu qui lui impose ce devoir, lui donne aussi le droit d'être obéi jusques à ce moment où de nouvelles circonstances viendront montrer au peuple son salut auprès du prince légitime.

Si vous nous demandez comment l'usurpateur ou l'injuste conquérant, sans être princes légitimes, auront pour vrai devoir de veiller sur la chose publique, et de tout gouverner pour le salut du peuple; nous répondrons encore : comme vous aurez vous-même pour devoir de prévenir ou d'éteindre l'incendie de la maison dont vous avez chassé le légitime possesseur. L'autorité ne sortiroit donc pas de la classe des propriétés ordinaires; elle seroit validement exercée par l'usurpateur même. Mais encore une fois, l'autorité n'est point comme vos propriétés. Elle n'est point un de ces droits auxquels il vous soit libre de renoncer sans renoncer à vos devoirs. Elle est toute fondée sur le devoir de veiller pour la chose publique. Si ce devoir peut être imposé à l'usurpateur, si malgré son forfait, il peut être rendu responsable des désordres qui suivroient son indifférence pour le salut du peuple, s'il est vrai de dire que cette indifférence, tant qu'il est sur le trône, seroit un nouveau crime ajouté à celui de son usurpation, il sera vrai de dire qu'obligé d'éviter ce nouveau crime tant qu'il n'aura pas réparé le premier, il aura à remplir tous les devoirs du trône et de l'autorité. Il sera vrai de dire qu'il est en ce moment le ministre d'un Dieu qui lui ordonne de veiller sur le peuple. Il l'est comme un démon que ce même Dieu forceroit à veiller pour le salut de l'homme; mais il ne l'est pas moins réellement; il n'exerce pas moins une vraie autorité.

Avant l'usurpation, avant qu'il ne fût vrai qu'elle avoit écarté tout espoir, vous avez pu, vous avez dû, au prix de votre sang, repousser et Cromwel, et Pepin, et Capet. Mais ils sont sur le trône, et il n'est plus d'espoir d'accorder avec le salut du peuple le retour du prince légitime; adorez dans le silence les décrets de celui qui se joue des sceptres, les donne à qui il veut, et les dédaigne trop pour n'en faire que le prix des vertus et de la justice.

9°. Quelles variations bien plus étranges dans l'état, se présentent à nous! Il est donc vrai que dans ces fluctuations des sceptres, des couronnes, ce n'est pas dans les mains du monarque seulement, que la puissance peut s'éclipser! Les trônes, les empires, et les gouvernemens eux-mêmes pourront s'anéantir. Ce qui fut monarchie deviendra république, ce qui fut république deviendra monarchie! Rien n'est stable, pas même la base de ce trône depuis quatorze siècles révéré parmi nous. Une révolution prête à se consommer, sape ses fondemens; des factieux l'ébranlent ; le sceptre se divise. N'achève pas ton crime, siècle de parjures ! Ne dis pas : les enfans jouiront avec le tems de l'audace des pères. Ne dis pas : les Brutus ont bien succédé aux Tarquins. Trop de forfaits te restent à commettre pour rendre nos neveux innocens sous d'autres loix que celles des Bourbons. Je voulois prononcer que les siècles ont pu légitimer l'empire des tribuns après celui des rois ; que des révolutions ont pu, pourront encore transporter l'autorité d'un seul dans les mains de la multitude ; mais des révolutions opérées par un peuple ! Au lieu d'un seul Cromwel, elles m'en montrent des millions. Mais une autorité, mais des loix et un gouvernement entier que l'insurrection seule fait disparoître ! Il faut pour apprécier toutes ces révolutions, toutes ces insurrections remonter aux effets de l'autorité même, il faut revenir à ces jours même qui l'établirent sur les peuples ; et si les siècles peuvent oblitérer jusques à la constitution de nos ancêtres, il faut que les enfans frémissent en apprenant au moins par combien de forfaits il faut passer, combien de droits il faut violer, pour qu'un Dieu, qui reçut les sermens de nos pères, ne les demande plus à nos neveux.

CHAPITRE IV.

Des effets de l'Autorité.

Nous avons défini, autorité publique, le devoir de veiller sur l'intérêt général, et le droit d'être obéi dans ce qui a rapport à cet intérêt général.

Quand l'autorité publique étend ses devoirs, et le droit d'être obéi, sur tous les citoyens, et pour tous les objets relatifs à l'intérêt général, nous l'appellons *souveraineté.*

Le premier effet de l'autorité, le plus essentiel, et le plus immédiat, sera donc de distribuer la société en deux classes. L'une chargée d'exercer l'autorité pour l'intérêt général, c'est-à-dire, pour le salut du peuple; l'autre, soumisse à l'autorité dans tout ce qui a rapport au salut du peuple. La première de ces classes comprendra le souverain et ses agens; la seconde, tout le reste des citoyens. Elles auront chacune leurs devoirs et leurs droits. Ils vont faire l'objet de ce chapitre.

Droits et devoirs du Souverain.

1°. Par la nature du pacte social, comme par la définition même du souverain, celui-là seul peut être appellé souverain, qui réunit le devoir de veiller sur tous, et le droit d'être obéi par tous. Donc nul n'aura le droit d'être obéi par le souverain même; donc nul acte d'autorité ne pourra être exercé sur lui. Il ne pourra pas l'être par l'ensemble même de la société. Avant le pacte social tous ces millions d'hommes pris dans leur ensemble, n'avoient aucun droit sur son indépendance, comme il n'en avoit aucun sur la leur; par le pacte social le souverain ne promet d'obéir à personne; tous promettent de lui être soumis; en vigueur de ce pacte, il s'engage à gouverner non pas un de ces hommes, mais tous ces millions d'hommes qui constituent le peuple. Il implique contradiction qu'il conduise le peuple, et qu'il soit conduit par le peuple ; qu'il ait autorité sur tous, et que tous aient autorité sur lui ; donc après le pacte, comme avant le pacte, nul acte d'autorité ne pourra s'exercer sur le souverain. *La personne du souverain sera inviolable*. C'est là son premier droit.

Il sort de la nature même des choses et du contrat, ce droit d'inviolabilité ; il en sort tellement, que si le souverain cessoit de l'être, il n'entreroit point, par cela seul, dans le rang des citoyens, il ne seroit pas soumis, par cela seul, à l'autorité publique ; il ne feroit plus partie de l'état : je le prouve. Il n'est entré dans le pacte social, que comme souverain, pour le devoir et le droit de gouverner ; comme indépendant il étoit libre de ne pas y entrer pour être gouverné ; il y entre pour exercer l'autorité, non pour y être soumis ; donc s'il cessoit de l'exercer, il n'y seroit pas soumis par cela seul ; il se retrouveroit dans son premier état d'indépendance ; il faudroit un nouveau contrat pour le soumettre à l'autorité.

Ces conséquences vous étonnent, lecteur. Souvenez-vous que nous parlons à des hommes qui ont voulu creuser l'autorité, et la philosopher par leurs contrats. Nous la philosophons aussi ; mais nous ne craignons pas comme eux, les conséquences d'une philosophie sévère et rigoureuse. Suivez nous encore ; elle nous montre de nouveaux droits essentiellement attachés au souverain ; elle ne nous cachera pas ses devoirs.

2o. Le souverain sera revêtu de tout le pouvoir nécessaire pour opérer le bien du peuple dans toute son étendue, et pour écarter tous les obstacles qui s'y opposent. Ce pouvoir sera donc *absolu*. S'il ne l'étoit pas, il se trouveroit des circonstances où le bien général ne s'opéreroit pas ; ce qui est contre l'institution même de tout gouvernement.

3o. Le pouvoir du souverain est établi pour un objet fixe et déterminé ; cet objet est toujours dans le salut du peuple. On ne tend point toujours au même but, en changeant sans cesse de route, de moyens, de volontés. Celle du souverain étant par son essence même la volonté directrice, ne sera point mobile, instantanée, capricieuse. Elle aura des règles fixes comme son objet. Il en faut pour celui qui dirige ; il en faut pour ceux qui sont dirigés, qui doivent obéir. Sans ces règles constantes et connues, l'état seroit exposé à des variations inconciliables avec le bonheur des citoyens. Car ceux-ci ignorant toujours la veille ce qu'ils auront à observer le lendemain, au lieu de la tranquillité que tout gouvernement doit leur assurer, se trouveroient réduits à une incertitude habituelle, toujours accompagnée d'inquiétude, sur ce qui sera exigé d'eux pour la chose publique. Le pouvoir du souverain sera *absolu*; il ne sera pas *arbitraire*. Il n'aura point sa raison dans sa volonté seule ; il sera différent du pouvoir du *despote*. Celui-ci soumet tout à sa volonté instantanée.

Ses ordres n'ont de loi que le caprice ; ceux du vrai souverain partent d'une volonté dirigée par des règles constantes vers le salut du peuple.

4°. Ces regles générales, habituelles et constantes qui doivent diriger et le souverain et tous les citoyens vers l'intérêt général, sont appellées *loix*.

Parmi ces loix, les unes tiendront à la nature même du gouvernement, détermineront son espèce, ne pourront souffrir ni variation ni altération, sans faire varier, sans altérer le gouvernement même. Celles-là seules pourront être appellées loix *fondamentales*. Les autres, sans tenir à l'essence du gouvernement, seront des regles générales prescrites par le gouvernement pour diriger les citoyens vers l'intérêt public. Elles pourront changer comme les moyens même de procurer le bien des peuples, suivant que le tems et les circonstances varieront ses mœurs, ses habitudes, ses rapports, ses besoins. Pour les distinguer des loix *fondamentales*, nous les désignerons sous le nom de loix *secondaires*.

C'est fort imprudemment que l'on confond sans cesse ces deux sortes de loix, en demandant à qui appartiendra le droit de les faire. Les loix fondamentales, par leur nature même, sont assez différentes des loix secondaires, pour soupçonner au moins qu'elles peuvent aussi différer dans leur cause ou leur principe. Tout ce qui est requis pour les unes pourroit bien n'être pas nécessaire pour les autres. Quelques réflexions sur les premières vous rendront bientôt évidente la proposition suivante.

PREMIERE PROPOSITION.

Le droit du Souverain ne s'étend pas à créer seul des loix fondamentales.

Par leur définition les loix fondamentales déterminent la nature même du gouvernement ; donc elles sont antérieures à l'existence du gouvernement, comme le fondement l'est à l'édifice, comme le projet l'est à l'exécution, comme les conditions du contrat le sont au contrat même : or le souverain du gouvernement n'est pas antérieur au gouvernement : donc il ne fera pas, comme souverain, les loix fondamentales du gouvernement.

Les loix fondamentales de tout gouvernement sont toutes dans le pacte social qui donne naissance au gouvernement même ; le souverain ne sauroit entrer seul dans ce pacte ; donc ces loix ne peuvent pas dépendre de sa volonté seule. Expliquons nous par un exemple.

Lors du contrat primordial, nos pères n'ont pas dit seulement, nous voulons être gouvernés ; ils ont dit : nous voulons tel gouvernement ; nous voulons, ou une monarchie, ou une république ; ils ont pu dire : nous voulons une monarchie pure, ou mixte et tempérée. Supposons qu'avant d'élire leur monarque, ils aient dit : le gouvernement François sera monarchique ; voilà une première condition du gouvernement auquel ils veulent se soumettre. Ce sera une première loi fondamentale. Mais un monarque peut-être électif ou héréditaire ; son pouvoir peut-être plus ou moins tempéré. Supposons qu'ils ajoutent : la couronne sera héréditaire ; elle ne le sera que de mâle en mâle ; elle sera inaliénable. Le monarque aura son domaine inaliénable aussi, pour subvenir aux besoins ordinaires de l'état. Il ne pourra exiger des sujets aucune contribution, sans la convocation et le consentement de telle ou telle assemblée, de tel ou tel tribunal. Chacune de ces condition est une véritable modification du gouvernement à naître. Elles en déterminent l'espèce ; elles le distinguent de toute autre monarchie, qui n'auroit point ces modifications. Il est évident que nos pères encore indépendans ont pu ne consentir à vivre sous un monarque qu'en apposant toutes ces conditions. Ce sont donc ces conditions mêmes, ces modifications qui ont à devenir loix fondamentales de l'état qui doit naître, puisqu'elles ne pourront être changées qu'en changeant l'espèce même du gouvernement auquel ils se sont soumis.

Par le contrat primordial, ces conditions ne sont pas encore *loix;* elles peuvent encore être changées par le peuple, sur les observations ou le refus du chef auquel ils proposent la couronne. Le chef les accepte. Mais s'est-il engagé à gouverner suivant ces conditions; le peuple et le chef se sont-ils juré mutuellement fidélité? Voilà l'instant où le gouvernement commence; voilà celui où les conditions les modifications apposées au contrat primordial deviennent *loix fondamentales*. Ce n'est ni le monarques seul, ni le peuple seul qui les a faites; c'est le pacte social consommé par celui du souverain avec la nation qui les rend désormais inviolables.

1ere. *Conséquence.* Ni le peuple seul, ni le souverain seul ne pourront changer *les loix fondamen-*

tales. Il est de la nature de tout contrat de ne pouvoir être résilié que du consentement libre de toutes les parties intéressées. Le peuple a promis d'obéir tant que ces loix fondamentales seront observées. Le souverain a promis de gouverner suivant ces loix; donc il faut, pour les changer, le consentement libre et du peuple et du souverain.

Qu'on ne dise pas que le souverain cesse d'être souverain, s'il y a une seule loi qu'il ne puisse pas faire, ou changer. Car pour être souverain d'un état, il n'est pas nécessaire de pouvoir tout ce que peut le souverain dans un autre état. Il suffit d'avoir tout le pouvoir compatible avec l'état dont on est souverain, et que dans cet état il n'existe aucune puissance supérieure au monarque, en observant les loix de l'état. Or, que le monarque ne puisse pas changer les loix fondamentales, cela ne fait pas que dans l'état, il y ait une autorité supérieure à la sienne;

cela n'empêche pas que toute autre autorité dans l'état ne soit subordonnée à la sienne. Le monarque est donc souverain, quoiqu'il ne puisse pas changer les loix fondamentales. Il l'est de toute la souveraineté propre à l'état dont il est chef.

2e. *Conséquence.* Les loix fondamentales doivent être consenties et par tout le peuple, et par chaque individu, puisqu'elles remontent par leur nature même à l'époque où chaque individu encore indépendant, pouvoit ou accepter ou refuser; donc les loix fondamentales ne peuvent être changées sans rendre à chaque individu sa première indépendance; donc la constitution d'un état venant à changer, la pluralité des consentans n'oblige ni la minorité, ni le particulier à consentir; donc il est contre les droits de la nature, d'exiger ce consentement des individus, de leur prescrire des sermens, comme il auroit été contre les droits de l'indépendance naturelle, de forcer l'adhésion des individus, à l'époque du pacte primordial, sous prétexte que la majorité avoit consenti.

3e. *Conséquence.* Toute loi fondamentale exige le consentement du peuple et de chaque individu; donc elles doivent être, claires, très-simples, très-précises, faciles à saisir, pour être à la portée du peuple, de chaque citoyen, et même de la classe la moins instruite. Car le peuple et chaque citoyen ne peuvent pas être supposés avoir consenti à ce qu'ils ne sauroient concevoir. Donc toute constitution compliquée, tout code de loix fondamentales artistement combinées, supérieures à l'intelligence la plus vulgaire, est un code absurde comme constitution, comme pacte social; à moins qu'on ne prétende que le peuple contracte validement à des conditions qu'il n'entend pas, qui ne seront comprises et bien saisies que par un petit nombre d'hommes accoutumés à refléchir, à combiner, sur des millions de citoyens qui ne le seront pas. Donc une constitution qui exigeroit deux années de combinaisons de la part des philosophes même, ne seroit qu'un chef-d'œuvre d'imprudence parfaitement contraire à la nature même des loix fondamentales de tout gouvernement.

Je vois bien que je choque ici la vanité de bien des soi-disants législateurs. Ce n'est pas ce qui intéresse ; il s'agit de savoir qui a mieux rencontré la vérité, et qui la prouve mieux.

4e. *Conséquence.* Les loix fondamentales sont invariables ; elles ne peuvent être changées sans altérer le gouvernement même ; donc elles doivent être très-générales, en très-petit nombre, et avoir une grande latitude, pour se prêter à toutes les loix secondaires que les circonstances pourroient rendre nécessaires ; pour ne jamais gêner les chefs ou le monarque dans la marche qu'ils auront à suivre en se proportionnant à ces circonstances, et aux besoins du peuple.

Donc elle seroit absurde, cette constitution à deux ou trois cents loix fondamentales, qui ne permettroient pas la moindre variation dans les moyens de procurer le salut du peuple, sans heurter perpétuellement quelques-unes de ces loix; donc elle seroit parfaitement contraire à son objet, et souverainement absurde, cette constitution, qui perpétuellement offriroit des entraves aux monarque et à ses agens chargés de procurer le salut du peuple.

5e. *Conséquence.* Les loix fondamentales, comme le gouvernement, ont pour grand objet la tranquillité de l'état; donc il seroit absurde, ce code de loix fondamentales, qui exigeroit un corps nombreux pour veiller à sa garde, pour épier sans cesse le monarque sans cesse exposé à les violer dans ses dispositions, malgré les meilleures intentions pour le salut du peuple. Donc il seroit le comble de l'absurdité politique, ce code qui mettroit dans l'état un corps nombreux uniquement chargé du dépôt de ces loix, mais par la nature même de ses fonctions, en perpétuelle guerre et concurrence avec le chef et ses agens; un corps dont l'intérêt distinct de l'intérêt du chef et de ses agens, nourriroit entre l'organe de la loi et ses agens, des jalousies et des rivalités incompatibles avec la tranquilité publique.

Je ne fais point l'application de ces conséquences; je demande si elles sont justes; je desire que la vérité, toujours utile quand elle est saisie par des cœurs droits, les fasse tourner au salut, et sur-tout à la paix de l'état.

6e. *Conséquence*. L'objet essentiel du Contrat Social est que le souverain puisse opérer le salut du peuple par tous les moyens qu'il pourra employer sans altérer le gouvernement; c'est-à-dire, sans violer les loix fondamentales; donc ces loix fondamentales sont la seule limite apposée au pouvoir du souverain; donc tout ce que le salut de l'état pourra exiger sans contrarier ces loix fondamentales, sera, en vertu du pacte social même, au pouvoir du souverain.

J'ai parlé jusqu'ici de ces loix fondamentales comme provenant toutes du contrat primordial; les titres de ce contrat n'existent plus; on peut nous demander à quel signe on les distinguera. Je réponds : consultez les usages et les traditions; elles suppléent à tout autre monument. Consultez surtout les sermens que les peuples et les chefs se transmettent. Ils sont le pacte social renouvellé de génération en génération. Tout ce qui dans ce pacte ou ces sermens, tendroit à donner au gouvernement une nouvelle base, tout ce qui ajouteroit ou retrancheroit à l'autorité, aux droits du chef, équivaudra même à un nouveau pacte, dont ressortira un gouvernement plus ou moins différent du premier quant au genre ou quant à l'espece.

Ce qu'il est essentiel d'observer

ici, c'est que dans les gouvernemens héréditaires, le droit de l'héritier étant acquis à toute l'autorité du prédécesseur, nulle nouvelle modification ou restriction ne peut être apposée au pouvoir du successeur sans son consentement, ou sans violer le premier pacte, en vertu duquel les droits de ses ancêtres lui sont acquis. Toute nouvelle loi fondamentale dans la suite des tems, comme à l'époque de la formation primitive de la société générale, exigera donc essentiellement le même concours des volontés, et du peuple et des chefs ou de leurs héritiers.

Ainsi lorsque la ligue disputoit la couronne à Henri IV, le droit du prince etoit acquis. Un usage constant pouvoit bien avoir érigé en loi fondamentale, que la religion catholique seroit la seule religion de l'etat, la seule professée publiquement, et protégée dans l'état; mais nulle loi fondamentale ne portoit que le monarque feroit personnellement profession de la foi catholique ; nulle loi fondamentale ne comprenoit cette clause comme excluant du du trône tout prince non catholique ; les droits d'Henri IV comme héritier du trône, étoient acquis par des pactes qui ne supposoient point cette clause ; donc on ne pouvoit pas, sans violer ces pactes antérieurs et la justice, méconnoître des droits indépendans de cette clause, et leur opposer une nouvelle loi fondamentale portée sans son consentement.

Il est tems d'en venir à ces loix de moyens, de détail, d'administration que nous appellons *secondaires*, qui, sans tenir à la nature même du gouvernement, mais aussi sans la contrarier, doivent contribuer au salut du peuple, et pourront varier comme ses besoins et les circonstances. Point de préjugés ici, pas même contre les préjugés du jour. C'est la vérité pure que nous cherchons. Il nous semble l'avoir trouvée dans cette série de propositions.

PREMIERE

PREMIERE PROPOSITION

SUR LES LOIX SECONDAIRES.

Le pouvoir de faire des loix secondaires est une partie essentielle de la souveraineté, mais n'est point toute la souveraineté.

Par sa définition, la souveraineté est, avec le devoir de veiller sur tous les objets relatifs à l'intérêt général, le droit d'être obéi sans contrarier les loix fondamentales, dans tout ce qui a rapport à cet intérêt général. Ce droit d'être obéi par tous suppose évidemment le droit de dominer toutes les volontés, de les diriger toutes, de leur prescrire des règles générales pour le salut du peuple. Ces règles générales à suivre par tous, sans contrarier les loix fondamentales, sont précisément ces loix de détail, ces loix secondaires qui peuvent varier dans un état, comme les moyens de pourvoir à l'intérêt général, suivant les circonstances et les besoins du peuple. Donc le droit de porter ces loix secondaires fait un droit essentiel du souverain, ou partie de la souveraineté.

Le droit de prescrire n'est qu'un droit incomplet, s'il n'est uni au droit de surveiller l'exécution, et de punir les transgressions. Sans ce droit de surveiller, d'inspecter, de punir, le frein des loix est nul pour la multitude, l'autorité est évidemment incomplette, insuffisante pour le gouvernement. Donc la souveraineté dit non-seulement le pouvoir de porter la loi, mais encore celui de la faire exécuter.

1re. *Conséquence.* Donc partout où le pouvoir exécutif ne sera pas uni au pouvoir législatif, la souveraineté ne sera pas une, mais divisée.

2me. *Conséquence.* Donc toute assemblée munie du pouvoir législatif sera co-souveraine du pouvoir exécutif.

3me. *Conséquence.* Il est impossible, il est absurde et contraire aux premières idées de tout gouvernement, que le peuple ait le pouvoir exécutif. Donc il est impossible et absurde que la souveraineté réside toute entière dans le peuple.

DEUXIEME PROPOSITION.

Il est dans la nature des choses, de tout bon gouvernement, que les loix secondaires soient consenties, approuvées par le pouvoir exécutif, ou par le chef.

Toute loi portée, soit contre la conscience, soit contre la volonté du chef, est une loi dont l'exécution sera évidemment négligée. Si elle est contre son opinion et sa conscience, non-seulement il ne la fera pas exécuter, mais il est immoral qu'il en poursuive l'exécution, qu'il exige des citoyens ce qu'il croit contraire au salut de l'état, au bien général, ou à la justice. La loi ne fut-elle qu'opposée à sa volonté, à son caprice même, il est moralement certain que lui et ses agens en contrarieront l'exécution au lieu de la favoriser; il est contre l'ordre des choses, et d'un gouvernement sage de porter des loix dont l'inexécution peut être prévue; rien ne contribueroit au mépris des loix comme la négligence dans l'exécution; donc il est dans l'ordre des choses que nulle loi ne soit portée dans les gouvernemens, sans avoir été consentie par les chefs.

Conséquence. Donc au moins le *veto* du chef est essentiel à tout bon gouvernement.

TROISIEME PROPOSITION.

Il n'est pas impossible, il est même très-naturel qu'en vertu du pacte social, le pouvoir législatif soit uni dans les chefs au pouvoir exécutif.

Quand un peuple se donne des chefs, la confiance doit diriger son choix. Il sait que ce n'est pas à l'ennemi qu'il confie le soin de son bonheur ; il sait encoreque ce chef s'entourera d'un conseil qui ajoutera à ses lumières ; il sait surtout qu'un chef qui par devoir veille sur le salut de tous, est bien plus en état que la multitude, de distinguer les moyens proportionnés aux circonstances pour procurer l'intérêt general ; il est donc très-naturel que le peuple en se donnant un chef, se repose sur lui de ces moyens à prendre, de ces règles ou de ces loix à dicter pour le salut de tous.

QUATRIEME PROPOSITION.

Il n'est pas essentiel au bon gouvernement que le peuple ait le pouvoir législatif.

L'objet véritablement et uniquement essentiel du bon gouvernement n'est pas de faire la volonté du peuple, mais de le sauver et de le rendre heureux ; que son bonheur et son salut s'opèrent par des moyens, des loix conformes ou contraires à sa volonté ; l'objet d'un bon gouvernement n'en sera pas moins rempli. Il sera au contraire parfaitement manqué, quand le salut du peuple sera manqué pour avoir suivi sa volonté. Il n'est pas impossible que le peuple se trompe dans les moyens, les loix auxquelles il croit son salut attaché ; il n'est pas impossible qu'il soit perdu par les moyens ou par les loix qu'il aura voulues. Tout chef qui prévoit la perte du peuple en suivant la volonté du peuple, est obligé, non pas de suivre cette volonté, mais de la contrarier, de s'y opposer autant qu'il est en lui, pour sauver le peuple. Le sauver ce peuple malgré lui, est le devoir du chef, comme c'est le devoir d'un père de sauver ses enfans malgré eux ; c'est même le devoir de tout citoyen, quand il peut espérer de le remplir. Donc la volonté du peuple ne fait pas essentiellement loi ; donc il n'est pas essentiel au bon gouvernement que le peuple ait le pouvoir législatif.

1re. *Conséquence.* Donc toute loi n'est pas essentiellement, et par sa nature, l'*expression* de la volonté du peuple, ou *de la volonté générale.*

2me. *Conséquence.* Comme le peuple a pu vouloir une loi et des moyens contraires à son intérêt, il pourra arriver qu'il refuse son consentement à des moyens ou à des loix dont dépend son salut. En ce cas l'autorité est insuffisante pour le salut du peuple, et le gouvernement manque encore son objet, si le consentement du peuple est nécessaire pour que la règle générale de salut proposée par le chef, devienne loi. Donc pour que cette règle générale devienne loi, et oblige le peuple, il n'est pas essentiel qu'elle soit préalablement consentie par le penple.

Cinquieme Proposition.

Dans une grande nation il n'est pas naturel, il est très-peu conforme au bien général, que le peuple se réserve le pouvoir législatif.

Un grand peuple ne peut pas, ne doit pas se réserver un pouvoir qu'il ne peut exercer par lui-même ; un pouvoir qui devient illusoire pour lui, s'il ne l'exerce que par des représentans. Qu'un grand peuple ne puisse exercer par lui-même le pouvoir législatif, c'est une vérité aussi évidente qu'il est évident que la multitude ne peut avoir ni les lumières, ni l'habitude, ni le loisir, ni l'application qu'exige le pouvoir législatif. Le plus lâche flatteur du peuple ne dira pas que la majorité de la nation soit en état, je ne dis pas de faire, mais de lire, de comprendre un code de loix civiles, criminelles, militaires, de loix de police ou de commerce, de tant d'autres objets des loix secondaires de tout gouvernement. Si le peuple est hors d'état en général de comprendre ces loix, si ces loix doivent se multiplier dans une nation nombreuse à proportion de la multitude de ses rapports, est-ce bien sérieusement qu'on nous dit : le pouvoir législatif appartient essentiellement au peuple ? Il est donc essentiel que le peuple dicte des loix qu'il ne peut pas entendre ? il est donc essentiel que l'aveugle dirige celui qui le conduit ! Aux factieux ces plattes inepties. Quand il les ont fait retentir aux oreilles du peuple, la plus grande marque de mépris qu'ils lui aient donnée, c'est l'espoir de les lui faire croire.

Mais ces loix que le peuple ne fera pas lui-même, il les fera par ses représentans. Je le nie : le peuple peut avoir des députés, des avocats, des protecteurs parmi ceux qui dictent la loi ; il ne peut pas y avoir des représentans. Celui qui ne veut pas, qui ne peut pas avoir une volonté déterminée, n'est pas représenté par celui qui veut, par celui qui choisit. Le vrai représentant du peuple est celui qui porte le suffrage du peuple, comme le représentant du roi est celui qui porte les ordres du roi, qui ne porte que ses paroles, qui ne veut que ce que le roi veut, et n'est que son organe. Il est absurde que vous représentiez le peuple quand vous opinez sur un objet auquel le peuple n'entend rien, et sur lequel il n'a point d'opinion et ne peut en avoir; bien moins encore, quand vous vous arrogez de dominer son opinion. Dans tout ces cas, ce n'est pas lui, c'est vous son avocat, son protecteur, et peut-être son oppresseur qui lui faites la loi; c'est lui qui la reçoit; tout son droit se réduit à élire le député qui la lui dicte; et très certainement, un député dictant la loi, ne représente pas celui qui la reçoit.

Si la députation suffit pour être censé avoir soi-même fait la loi si la députation équivaut à la re présentation, nos monarques furent aussi élus, députés par le peuple pour faire la loi. Vous pourrez dire aussi quand le roi fait la loi, c'est le peuple qui la fait par son représent nt; car le nombre des députés ne change pas l'essence de leurs fonctions; le peuple pourra donc aussi bien faire la loi par son député roi, que par ses députés au sénat des sept cents.

Conséquence. On a donc doublement trompé le peuple, quand on lui a dit qu'il étoit seul souverain parce qu'il faisoit la loi par ses députés. On l'a trompé, en se trompant soi-même, parce que si le peuple faisoit la loi, cette partie de la souveraineté la diviseroit, comme nous l'avons vu, ne la mettroit pas toute sur sa tête, ne le constitueroit pas seul souverain. On l'a trompé, en lui disant qu'il faisoit la loi par ses représentans; on a confondu ses envoyés avec les représentans de ses volontés, quoique sa volonté ne soit nullement représentée par ceux qui ne se tiennent nullement liés à opiner d'après son suffrage et ses instructions; quoique sa volonté ne pût nullement être représentée dans une multitude d'objets et de moyens sur lesquels sa volonté est essentiellement nulle comme son opinion et ses connoissances.

Le peuple, sur les lois, n'a et ne peut avoir que la volonté générale, le desir qu'elles soient toutes bonnes, tendantes à son bonheur; la loi ne se fait point par cette volonté générale, mais par des actes d'une volonté spéciale, déterminée et fixe, qui désignent les moyens et les règles à suivre pour atteindre à leur but, à ce bonheur du peuple. Cette volonté spéciale déterminée et fixe, sur des objets inconnus au peuple, ne peut pas représenter des opinions, des volontés du peuple, où le peuple n'a ni opinion ni volonté fixe. Celui qui, par sa volonté déterminée, décide les moyens et la règle, est donc le seul qui fait la loi. Si ce pouvoir fait seul le souverain, et tout le souverain, ce n'est pas le peuple, c'est le sénat, composé de ses députés, qui est souverain dans la réalité, en ne laissant au peuple que le mot, la fumée et la chimère de la souveraineté.

Qu'on nous dise que le peuple à le droit d'élire ceux qui feront la loi; cela peut être, et cela est dans une république; mais ce droit là dépend du pacte social, c'est-à-dire, de l'espèce même et des lois fondamentales du gouvernement établi par ce pacte. Mais le droit d'élire le législateur ne fait pas de celui qui élit un législateur, comme il ne fait pas roi, monarque, souverain, celui qui élit le souverain, le roi ou le monarque, comme il ne fait pas maître le serviteur qui a le droit de choisir son maître. Enfin, s'il suffit pour faire la loi, de choisir celui qui la fera, puisque lors du pacte social, le peuple élut son premier roi, et dans ce premier choix engloba tous les hérétiers du roi, dans un royaume héréditaire ou électif, quoique le roi seul fasse la loi, ait été député pour la faire, il sera donc vrai de dire aussi que dans un pareil état le peuple fait la loi, et la fait seul ? A quelles inepties vous conduit ce désir de le flatter et de le séduire ? Et vous osez après cela, vous dire philosophes ! Notre philosophie est plus franche. Voici encore ce qu'elle nous dit sur le pouvoir législatif, quant aux lois secondaires.

SIXIEME PROPOSITION.

L'autorité législative quant aux lois secondaires, appartient toute entière au chef, en vigueur du pacte social même, à moins que ce pacte ne réserve formellement au peuple, ou bien à ses députés, le droit de les consentir ou de les proposer.

L'objet essentiel du pacte social est que le chef de l'état qui se forme, ait toute la puissance nécessaire pour l'emploi des moyens nécessaires au salut du peuple, sans contrarier les lois fondamentales, c'est-à-dire, les conditions du pacte social; donc ces lois fondamentales sont, par leur nature même et leur objet; la seule limite apposée à l'autorité du chef, soit prince, soit sénat, soit assemblée, soit parlement national. Donc tout ce qui contribue au salut de l'état sans contrarier les loix fondamentales, est au pouvoir du chef, soit prince, soit sénat; or les loix secondaires sont précisément les moyens, qui, sans contrarier le pacte social, les loix fondamentales, contribuent le plus au salut de l'état; donc en vigueur du pacte social même, ces loix secondaires, c'est-à-dire, toute l'autorité législative qu'elles requièrent, appartiennent au chef, à moins d'une réserve expresse et formelle dans le pacte social.

Je dis une réserve *expresse et formelle*, parce que de tout ce qui n'est pas exprimé dans ce pacte, rien n'y doit, rien n'y peut être censé compris et entendu comme exprimé, si ce n'est ce qui est essentiel à tout bon gouvernement; or j'ai prouvé (quatrième et cinquième proposition), que rien n'est moins essentiel à un bon gouvernement que ce pouvoir législatif résidant dans le peuple ; donc ce pouvoir du peuple n'est pas censé compris dans le pacte social, s'il n'y est exprimé formellemont.

1re. *Conséquence.* Il en est de l'autorité judiciaire comme de l'autorité législative. Rien n'exige que le peuple se réserve le soin de nommer ses juges ; la multitude n'est pas moins sujette à se tromper dans ce choix, que le chef du peuple ; un pareil choix expose à des intrigues, à des factions, à des pertes de tems qu'il est de l'intérêt du gouvernement d'éviter. Donc ce pouvoir judiciaire, donc le choix des juges appartiendra aux chefs comme le pouvoir législatif, si la réserve n'en est pas exprimée dans le pacte social.

2e. *Conséquence.* On peut dire du choix des agens secondaires, et de lenr subordination au chef, tout ce que nous disons du pouvoir judiciaire. D'ailleurs, les fonctions de tous ces agens, celles des juges même font par leur nature partie du pouvoir exécutif, puisqu'elles sont toutes pour maintenir l'exécution des loix, ou pour en punir l'infraction ; d'ailleurs en général le choix de ses agens, et tout ce qui ajoute au pouvoir du chef, ajoute aussi au respect pour le chef ; tout ce qui diminue ce pouvoir, diminue le respect pour le chef. Il est infiniment important pour le salut du peuple que ce respect soit toujours maintenu. Donc tout agent de l'autorité publique est essentiellement subordonné au chef, et sous sa dépendance, à moins que le titre de son indépendance ne se trouve exprimé dans le pacte social même.

3me. *Conséquence.* Tels seront donc les droits du chef. Son autorité n'aura de limites que celles des loix fondamentales. Il portera seul les loix secondaires, conciliables avec les premières ; toute autorité publique exercée dans l'état sera subordonnée à la sienne, à moins qu'elle ne trouve son exemption dans les loix fondamentales. Il pourra tout ce qui se concilie avec ces loix fondamentales et le salut du peuple. La réunion de ces pouvoirs fera seule le souverain. Il sera individuel, il sera roi, duc, monarque, si cette réunion se trouve sur la tête d'un seul. Il sera collectif, si elle se trouve dans un sénat. Il sera divisé, si ces pouvoirs se trouvent, partie dans le chef, partie dans un sénat. Il sera mutilé par millions de parties, si pour concevoir la réunion de tous ces pouvoirs, il faut en concevoir encore des portions réparties sur la tête de chaque citoyen, de tout le peuple. Cette division sera la négation, plutôt que l'existence du souverain. Par-tout où le peuple fera partie du souverain, et bien plus encore partout où le peuple croira, contre l'essence même des choses, être à lui seul tout le souverain, il n'y aura point de souverain. Cette conséquence deviendra bien plus évidente encore, si des droits du souverain nous passons à ses devoirs.

Devoirs du Souverain.

Ces devoirs détaillés feroient des volumes; heureusement on peut dire beaucoup en peu de pages. 1°. Tout homme qui exerce l'autorité sur des êtres d'une même nature que lui, n'a pu la recevoir que d'un être supérieur à lui et à ceux qui lui doivent obéissance. Ce devoir dans ceux qui obéissent, suppose essentiellement dans celui qui commande le représentant d'un être supérieur à l'homme, le ministre et l'image de Dieu. Donc tout homme exerçant l'autorité, donc sur-tout le souverain dans lequel se réunit toute autorité, doit bien plus que tout autre, ne souffrir dans lui-même aucun vice, aucun crime qui ternisse l'image de la divinité; donc il doit au contraire réunir dans sa personne, toutes les vertus qui peuvent rappeller, autant qu'il est dans l'homme, cette image de la divinité.

Ce n'est pas là ce que de vils flatteurs disent aux rois. Il n'est point de vices, de scélératesses, d'injustices, d'immondices surtout, qu'ils ne croient excuser par la splendeur du trône, la puissance du sceptre. Cependant quelle vérité mieux démontrée par la raison, plus hautement prêchée par la religion que celle-ci : tout souverain est essentiellement l'image de Dieu ; donc le véritable éclat du trône est tout entier dans les vertus personnelles du souverain, dans sa piété, dans sa bonté, dans sa constance inébranlable dans les voies de la justice. Que le faux sage dédaigne ces leçons ; que le vil courtisan s'en indigne ; mais que les rois les suivent ; et le sort des peuples décidera entre les leçons du faux sage et les nôtres.

2°. Le souverain est le ministre de Dieu, il est la seconde providence des peuples ; le grand objet de cette providence est le bonheur des peuples. Donc tout ce qui contribue à ce bonheur, tout ce qui peut l'étendre ou l'assurer, est de devoir rigoureux pour le souverain. Donc ses lois doivent toutes avoir pour objet le salut de son peaple, comme les lois de Dieu ont toutes pour objet le salut de tous les peuples.

3o. Le souverain est l'organe d'un Dieu, le ministre de sa providence. Cette providence ne réduit pas ses soins au maintien général de l'univers ; nul homme sur la terre qui n'en éprouve les effets ; nul qui n'ait des actions de graces à lui rendre pour ses bienfaits. Donc il n'y aura pas un seul citoyen dans l'état, qui n'ait droit aux soins, à la justice du souverain, autant que l'intérêt général peut permettre à des chefs le détail des intérêts particuliers ; donc encore tout acte d'autorité sur un particulier, donc tout ordre spécial que n'exigera point l'intérêt général, que l'intérêt de ce particulier réprouve, sera de la part du souverain un acte despotique, arbitraire, contraire à ses devoirs, à l'objet-même de toute autorité.

4°. Le bonheur des particuliers dans tout empire dépend spécialement de l'exercice des autorités secondaires, de l'usage ou de l'abus qu'en font les agens du souverain. Cet usage, ou ces abus dépendent spécialement des choix du souverain, et de son attention à surveiller les agens qu'il choisit. Ces agens sont ses propres ministres, comme il est lui-même le ministre de Dieu. Donc ne consulter dans le choix des ministres ou agens secondaires, ni faveur ni prédilection, mais uniquement les qualités qui peuvent les rendre utiles au peuple; donc les surveiller tous, punir sévérement le mal qu'ils font au peuple; maintenir, protéger, récompenser les services de ceux qui sont utiles au peuple, sera le grand devoir comme le grand talent du souverain.

5°. L'autorité suprême est donnée au souverain pour le maintien d'un intérêt constant et toujours renaissant. Les moyens de procurer cet intérêt sont dans les lois constantes, générales, servant de règle aux citoyens, et de base à la tranquillité publique. Donc tout acte d'autorité exercée par le souverain, doit avoir pour règle ces lois mêmes; donc toute volonté instantanée du prince, opposée à la volonté méditée des lois; donc tout jugement du souverain, en contradiction avec ces lois, seront des actes de l'homme, opposés aux devoirs du souverain; donc le souverain même sera soumis aux lois dans l'exercice de son autorité; donc toute abolition des lois anciennes, et toute création de lois nouvelles que ne commandent point impérieusement de nouveaux besoins du peuple, seront hors des devoirs, et contre les devoirs du souverain.

6o. Comme la volonté des citoyens, leur fortune n'a pu être soumise à la disposition du souverain, qu'en raison des sacrifices qu'exige l'intérêt genéral; donc toute atteinte portée aux propriétés des citoyens pour toute autre raison que pour cet intérêt général, sera un crime pour le souverain, comme pour le dernier des citoyens; donc toute contribution publique supérieure aux besoins absolus de l'état, donc toute négligence dans le maniement des deniers publics, donc toute dissipation, tout autre emploi de ces deniers, que l'emploi absolument prescrit pour le salut du peuple; donc toute largesse, toute pension, toute gratification qui n'auront pas leur raison dans le soulagement du peuple, ou dans des services rendus au peuple, seront de vrais larcins de la part du souverain; comme tout ordre qui gêne sans raison la liberté des citoyens, est un larcin fait à leur liberté par le despote.

Droits et devoirs du Citoyen.

Des familles isolées ne se sont pas formées en nation, pour perdre tous les avantages de leur premier état. Elles ont évidemment voulu conserver de leur intérêt particulier

lier tout ce qui pourroit se concilier avec l'intérêt général.

1°. *Liberte.* Dans ce premier état la liberté de l'homme consistoit à pouvoir faire très-licitement tout ce qui étoit permis par l'auteur de la nature, sans blesser l'intérêt de la famille. (Je ne parle pas de l'homme parfaitement seul; cet état ne fut jamais dans la nature). La liberté civile sera de faire tout ce qui est permis par la loi naturelle, sans blesser l'intérêt de la famille plus que l'intérêt de la société générale.

L'homme sera donc libre en société; mais les droits de la liberté le réduiront à faire impunément tout ce qui est permis par l'auteur de la nature, et par les lois que dicte l'intérêt de la société devenu général.

Le devoir de l'homme dans l'état de nature, étoit de faire tout ce que lui prescrit l'auteur de la nature, d'obéir à son Dieu; le devoir survenu dans la société générale, sera de faire tout ce que lui prescrivent les lois dictées par l'intérêt général. Ces dernieres sont les lois de l'homme ; elles sont essentiellement subordonnées à la loi de son Dieu. Donc le devoir de l'homme dans l'état civil, sera d'observer les lois de son Dieu, plus les lois de l'état, autant que celles-ci n'auront rien de contraire aux premieres, soit pour ses actions, soit pour ses opinions.

L'empire intérieur de la conscience, de la religion, des opinions n'appartient qu'à Dieu ; donc quant à sa conscience, à sa religion, à ses opinions, le citoyen conservera toute la liberté qu'il avoit dans l'état de nature.

Le culte extérieur, la manifestation des opinions peuvent intéresser la tranquillité publique ; donc le citoyen sera soumis aux lois que l'intérêt général pourra dicter quant au culte extérieur, et quant à la manifestation des opinions. Ces lois ne feront pas au citoyen un devoir d'un culte ou d'une opinion qu'il croit contraires à la vérité ; mais ce sera pour lui un devoir d'éviter toute publicité de culte contraire à la loi ; et de ne propager la vérité qu'avec cette sagesse qui évite, sinon des prétextes de persécutions, au moins toute cause réelle de trouble et de dissention dans l'état.

Une loi supérieure fait-elle au citoyen le devoir de braver pour sa religion la loi des hommes ? Je n'ai point de règles pour l'enthousiaste ; Dieu seul en donne à ses apôtres et à ses martyrs ; mais, à coup sûr, vous n'êtes ni apôtre ni martyr, si, pour vous suivre, il faut égorger ses concitoyens, s'élever contre sa patrie ; si vous défendez votre religion au prix d'un autre sang que du vôtre.

2°. *Egalité.* L'égalité de l'homme dans l'état des familles isolées, consistoit dans une identité de nature, qui ne permet pas de sacrifier les droits d'un homme aux droits d'un autre. La société civile devenant générale, ne changera pas la nature de l'homme ; donc chaque citoyen conservera ce droit naturel, qui ne permet point que les intérêts des autres citoyens soient préférés aux siens; donc tous les citoyens auront le même droit à la protection des lois; donc le seul titre aux distinctions sera dans les vertus, les talens, les services, et plus ou moins d'aptitude à servir la patrie.

3°. *Propriétés.* Dans l'état des familles isolées, malgré l'égalité de la nature, tous les hommes n'avoient pas une même mesure de propriétés. Celui qui avoit défriché deux arpens, avoit droit à ces arpens; celui qui n'en avoit défriché qu'un, n'avoit droit qu'à un arpent. La loi naturelle maintenoit donc une propriété double, triple, comme une propriété égale, sans blesser les droits de celui qui en avoit moins; donc le citoyen riche aura le même droit à cent arpens, que le citoyen pauvre à un demi arpent; donc l'égalité naturelle des droits confirme la propriété du riche comme celle du pauvre; donc toute loi agraire trasportant aux uns les propriétés des autres sous prétexte d'égalité de richesses, détruit par elle-même l'égalité des droits

4o. *Contribution.* C'est en raison de ses propriétés que chaque citoyen jouit de la protection de l'état ; donc chaque citoyen devra contribuer au maintien de l'état à proportion de sa fortune.

Cependant la fortune, les dons en or et en argent ne sont pas les seuls moyens d'être utile à l'état. Sans blesser la justice, on peut moins exiger en services pécuniaires de celui qui paie davantage en services personnels. Cette distinction appellée privilège, ne peut être un vrai droit que comme récompense, ou comme engagement à des services personnels ; elle ne pourra être héréditaire et transmettre le droit, sans rendre le devoir, le même engagement héréditaire.

5o. C'est par les lois que la société protège la vie, la liberté, la fortune des citoyens; donc chaque citoyen sera soumis aux lois de la société, à son gouvernement.

C'est en vain que vous diriez ici : ces lois et ce gouvernement sont les lois de mes ancêtres ; leur volonté n'enchaîne point la mienne ; je ne suis point entré dans leur contrat. Ce langage est celui de l'ingratitude et de l'injustice. De l'ingratitude, car le gouvernement, pour protéger votre enfance, n'a point demandé un nouveau contrat. C'est parce que ses pères étoient membres de la société, qu'il a protégé les enfans. Donc la reconnoissance de ses premiers soins, est un premier lien qui doit vous attacher à la patrie et à ses lois, comme les soins du père ont lié les enfans à la famille.

La justice viendra resserrer elle-même ces liens. Vous ne nierez pas qu'en vertu du contrat de vos pères, l'état et le souverain doivent protéger votre vie, votre liberté et vos propriétés ; ce contrat de vos pères n'a pas sans doute perpétué ce devoir du souverain et de l'état à votre égard, sans perpétuer aussi leurs droits sur vous. Il seroit trop absurde que le serment des pères perpétuât les devoirs de la société et du souverain, sans perpétuer ceux des enfans ; donc le serment des pères se transmet aux enfans avec tous ses devoirs comme avec tous ses droits. Donc il en est de l'existence même comme du champ que vous avez reçu en héritage. Vos pères ne vous ont transmis et n'ont pu vous transmettre l'un et l'autre qu'avec les mêmes charges dont ils étoient grevés pendant leur vie ; donc tout ce qu'ils devoient à la patrie, et pour ce champ et pour leur existence, en vertu de leur serment, vous le devez vous-même ; donc il est dans les règles d'une justice rigoureuse que vous soyez soumis comme eux aux lois de la patrie, à son gouvernement ; comme il est dans les règles de la justice, qu'en vertu de leur serment, vous jouissiez des mêmes droits.

Le grand Être d'ailleurs, ce Dieu auteur de l'ordre, qui vous donna le jour, ne vous a pas fait naître dans cette société, il n'a pas fait aux chefs un devoir de protéger votre existence, pour qu'ils élevassent dans le sein de la patrie l'ennemi de ses lois; ce Dieu n'aura pas fait en votre faveur une exception fatale à la société; il n'a pas fait de l'homme un être sociable, pour le dispenser, dès sa naissance, des lois même de cette société dans laquelle il le place; donc il est dans l'ordre des choses, que toutes les lois de la patrie soient pour vous de vraies lois, par cela seul qu'un Dieu vous a fait naître dans le sein de la patrie.

6°. Laissons là les prétextes d'une philosophie ingrate, injuste, destructrice de toute société; et disons encore: c'est dans le sein de la patrie que tout citoyen jouit des avantages de la société, de tout ce qui peut lui rendre la vie plus agréable; donc tous les sentimens de reconnoissance, d'amour et de fidélité, doivent se réunir dans le cœur de chaque citoyen pour sa patrie.

7°. C'est pour le maintien de ces avantages, de ces droits et devoirs de tous les citoyens, de toute la patrie, que l'autorité réside toute entière dans le souverain ; donc la résistance et l'infidélité au souverain est à elle seule la violation de tous les droits de la patrie confiés au souverain ; donc toute la patrie est offensée, ou en danger de l'être, quand la personne du souverain l'est elle-même ; donc tout citoyen devra au souverain tout l'amour, tout le zéle, toute la fidélité qu'il doit à la patrie.

Droits et devoirs de la Patrie.

1°. Tous ne se sont unis que pour se sauver tous, par le concours et les moyens de tous ; donc le salut de tous, l'intérêt général de la patrie sera, dans tout gouvernement, l'intérêt préférable à tout autre intérêt. Donc le *salut du peuple*, comme premier droit de la patrie, sera essentiellement la première des lois.

2°. Les moyens d'opérer ce salut varient comme les gouvernemens eux-mêmes. Ils sont autres dans une république, et autres dans une monarchie. Ces moyens seront subordonnés aux lois fondamentales adoptées par la nation, lors du pacte social.

Ces lois sont antérieures au souverain, au pouvoir qu'il reçut de gouverner par ses propres lois ; elles sont la constitution même pour laquelle il reçut l'autorité. Hors la constitution, il est hors du gouvernement même ; sa volonté rentre dans la classe de toute autre volonté ; il n'est plus qu'homme ; il ne peut opiner que comme individu. Donc le monarque est nul contre la monarchie qui reçut ses sermens ; comme les chefs sont nuls contre la république ; comme tout souverain est nul contre le gouvernement qui le fit souverain. Donc il ne suffit pas de sauver la patrie ; tant qu'il existera pour elle des moyens de salut dans le gouvernement qui lui est propre, elle a droit au maintien de ce gouvernement.

Salut du peuple, par la préférence continuelle de l'intérêt général à tout intérêt particulier ; salut de l'état, par le maintien du gouvernement, de la constitution propre à l'état. On pourra commenter ces droits de la patrie ; on n'y ajoutera pas ; tout le reste est devoir pour la patrie ; devoir envers l'individu, envers chaque classe ou tribu, société secondaire, envers le souverain.

3o. Quant à l'individu, l'intérêt général, autant qu'il est possible, sera concilié avec celui de chaque citoyen. Pour le salut du peuple, l'innocence jamais ne sera opprimée, parce que la justice est antérieure à tout ; parce que les hommes n'ont pas pu se réunir en société pour violer les droits de la justice. Pour le salut du peuple, la propriété d'un simple citoyen ne sera point violée, parce que nul homme n'est entré en société pour perdre sa propriété, mais pour la conserver par des sacrifices communs, par des contributions proportionnées à la fortune de chaque citoyen.

4o. Pour le salut du peuple, il ne sera point dit que les biens d'une classe de certains citoyens appartiennent à la nation plutôt que les biens d'une autre classe, ou d'un individu quelconque. Pour le salut du peuple, il ne sera point dit que toute société secondaire dans l'état est nulle dans son principe; parce qu'en s'aggrégeant à la société générale, nul citoyen n'a sacrifié que la partie de son indépendance et de son intérêt, de ses inclinations, vraiment incompatible avec la société générale. L'intérêt, l'inclination de divers individus peuvent se trouver dans leur réunion en sociétés secondaires pour le progrès du commerce, des sciences, des arts, de la religion, sans nuire à l'intérêt général, ou même en le favorisant. Donc la société générale n'est point par elle-même exclusive des sociétés secondaires; donc tous les citoyens conserveront le droit, la liberté de s'aggréger en sociétés secondaires suivant leurs inclinations, leurs besoins, ou leurs intérêts en tout genre, avec cette condition seule de ne pas nuire au peuple, comme chaque famille vit en société primordiale, sans nuire à la société générale ; donc la destruction de ces tribus, de ces aggrégations secondaires, précisément comme tribus ou corporations, seroit un acte arbitraire et despotique de la part de la patrie ; donc la nation envers ces sociétés secondaires aura les mêmes devoirs à remplir, qu'envers chaque famille, ou chaque individu ; donc elle aura à respecter, à protéger l'existence, la vie, les propriétés, la tranquillité de ces sociétés, comme elle doit respecter les propriétés, la vie de chaque citoyen.

Les services rendus à la nation par ces sociétés particulières, bien loin d'être des titres à la disposition arbitraire des biens acquis par ces sociétés, sont le premier titre à la protection qui leur est due ; donc il seroit absurde, et souverainement injuste que la nation, se déclarât propriétaire de ces biens, et qu'elle en disposât arbitrairement, sous prétexte qu'ils ont été donnés en prix des services rendus ou à rendre à la nation.

Donc toute prétention de la société nationale sur les sociétés particulières, au-delà d'une contribution proportionnée aux moyens de ces sociétés, sera une usurpation nationale, comme la spolation d'un individu par la société, est le crime de la société. Donc ce que tout citoyen, ce que toute famille, ce que toute société secondaire dans l'état, doivent à la patrie pour le salut du peuple, la patrie le doit elle-même à chaque citoyen, à chaque famille, à chaque société secondaire, autant que l'intérêt individuel et secondaire peut se concilier avec l'intérêt général, ou le salut du peuple.

5°. La patrie ne sauroit avoir droit à son salut que par les moyens qui doivent l'opérer. Ces moyens, par la nature même du pacte social, sont dans la soumission et la fidélité à la volonté directrice du souverain. Donc toute insurrection du peuple contre cette volonté directrice du souverain, sera le grand crime du peuple contre le peuple même, comme elle est un crime et contre ses sermens et contre l'essence du pacte social, qui n'a pas rendu le souverain responsable du salut de la patrie, sans rendre la patrie même responsable de toute opposition aux lois du souverain.

Ces vérités ont été abondamment prouvées dans le cours de nos démonstrations ; mais on insiste, et on nous dit : le souverain peut s'égarer dans les moyens qu'il prend pour le salut du peuple. Je réponds toujours dans la rigueur de nos démonstrations : si l'écart du souverain le porte au-delà des voies de la justice, et du salut du peuple, au-delà des lois fondamentales du gouvernement même, la justice sera supérieure au souverain. Une voix plus forte que la sienne se fait entendre ; il vaut mieux obéir à cette voix qu'à celle de l'homme.

Mais quand l'obéissance cesse d'être un devoir pour le moment, la révolte ne devient pas un droit. L'autorité ne cesse pas d'être pour l'injustice ; elle ne fut jamais pour elle ; mais cette autorité existoit, elle ne cesse pas d'exister pour la justice. Les écarts instantanés du chef de la famille n'ont pas fait de cet enfant légal du père ; n'ont pas soumis le père aux violences ou à l'empire des enfans, ils ne suspendent pas le devoir d'obéir, aussi-tôt que la voix du père se fait entendre pour la justice.

Ce qui fut statué pour le maintien des mœurs, ne renversera pas ce qui le fut pour le maintien des empires. La loi qui vous défend d'obéir à l'injustice, n'effacera donc pas la loi qui vous prescrit l'obéissance pour tout objet conforme à la justice. La première ôte aux princes les bourreaux, serviles instrumens de l'oppression ; la seconde maintient, avec le sceptre, la vraie autorité, et toute son action pour le salut du peuple. Entre l'obéissance servile et la violence ou l'insurrection, il est donc un milieu pour le salut du peuple ; ce milieu, c'est l'inaction même quand la loi est injuste, et la disposition à obéir dès quelle sera juste. Vous n'obéirez pas pour l'injustice ; mais vous n'agirez pas pour la révolte. Vous la réclameriez envain pour le salut du peuple. n'est point de salut par la révolte. Un jour d'insurrection est un jour d'anarchie ; un jour seul d'anarchie équivaut aux désordres du plus malheureux règne ; des années d'anarchie sont des siécles dont trente souverains ne répareront pas les désastres. C'est une maladie corrigée par la peste.

Gardez-vous de nommer et les Nérons et les Caligula ; les monstres ne font loi ni en physique ni en morale. Sans doute que le sceptre ne met pas à l'abri des vertiges de l'homme ; sans doute aussi faut-il que l'homme reste, pour que le souverain se montre ; mais quand l'infirmité de l'homme a prévalu, c'est un art secourable qu'il faut invoquer, et l'insurrection n'appelle et n'envoie que des bourreaux ; et pour un chef que des passions cruelles ont rendu insensible à la raison, c'est tout un peuple que l'insurrection va plonger dans les convulsions de la frénésie même.

N'invoquez pas ici les droits de la nature pour remédier aux maux des peuples ; elle n'inséra point dans le pacte social, des conditions inconciliables avec le salut des peuples. Elle n'a pas voulu de ces remèdes pires que tous les maux. Elle compare les besoins et les dangers ; l'histoire des empires justifie ses loix. Par l'insurrection ils s'effacent de dessus la surface de la terre ; avec les dynasties les moins propices, les états se perpétuent. Le vaisseau de la chose publique pourra ne pas voguer heureusement ; n'appellez pas sur lui des tempêtes qui le submergeroient.

La nature n'a point imaginé, pour délivrer le peuple d'un prince, son fléau, de donner au peuple des millions de fléaux, dans une multitude en insurrection contre le prince. Pour des abus d'autorité sur quelque trône, elle n'a point sapé les fondemens de tous les trônes. S'il est dit une seule fois que l'insurrection du peuple contre le souverain est légitime, tout pacte social devient absurde et nul. Celui qui a promis de gouverner, aura promis aussi d'être gouverné lui-même par la multitude, d'être soumis à ses caprices, et sans cesse jugé par cette foule aveugle qui ne peut distinguer ni les motifs ni les moyens. Le plus léger prétexte rappellera par-tout au peuple son droit d'insurrection. Il sera le fléau de tous les souverains, il sera par-tout le sien même, et par-tout indomptable. Avec le droit d'insurrection, la société ne fait que redoubler la force et les désordres de l'anarchie, par des combats renouvellés sans cesse entre les membres et les chefs. Les nations pouvoient s'abstenir de tout pacte social, si tel en devoit être le résultat. Tous les peuples pouvoient s'abstenir de jurer soumission, fidélité, obéissance aux souverains, s'ils devoient rester libres de s'élever contre les souverains; s'ils n'invoquoient le Dieu témoin de leurs sermens, que pour le rendre aussi témoin de leur insurrection, d'une violation générale de ces sermens, sans qu'il eût le droit de punir les parjures.

Devoirs de tout gouvernement envers Dieu.

1°. Nous l'avons démontré dans toute la rigueur d'une démonstration métaphysique : sans une volonté supérieure, point de droit d'être obéi, point de devoir d'obéir parmi des êtres égaux par leur nature ; l'autorité sans Dieu n'existe pas, la souveraineté n'est qu'une chimère ; la société est réduite au droit du plus fort, ou du méchant le plus adroit. Toute loi fondamentale, toute loi secondaire est nulle pour qui peut la violer impunément ; tout gouvernement cède à la multitude ; le nombre des canons, des piques et des bras décide tout. C'en est fait de toute société, tous les pactes sont nuls ; donc autant la société à d'intérêt à maintenir l'autorité, autant elle aura d'intérêt à maintenir les idées d'un Dieu seul principe de toute autorité ; donc tout ce qui blessera le nom de Dieu, donc tout ce qui tendra à altérer l'idée de ce Dieu dans la société, sera un crime contre la société même ; donc tout ce qui peut maintenir, relever, rendre précieuse à l'homme l'idée de Dieu, appartient aux devoirs de la société et du gouvernement, comme l'intérêt même et le salut du peuple.

2°. C'est sur-tout par les mœurs publiques, c'est par la religion et par son culte que se maintient, avec l'idée de Dieu, le respect pour les loix de l'état ; donc le devoir de tout gouvernement sera le maintien des mœurs publiques, du culte et de la religion.

3°. Une même protection accordée indifféremment à toute religion, vraie ou fausse, annonce par sa nature même l'indifférence du gouvernement pour toute religion, pour un Dieu qui ne peut être honoré par le mensonge comme par la vérité. L'indifférence du gouvernement entraîne essentiellement celle des peuples pour ce Dieu, et pour l'autorité dont il est le principe. Donc plus une religion est reconnue pour vraie, plus il est du devoir du gouvernement, plus il tient à l'intérêt général et au salut du peuple, qu'elle soit distinguée par la protection du gouvernement.

4°. Le fondement de toute autorité est dans la volonté d'un être supérieur à l'homme; donc tout acte qui met la volonté de l'homme au-dessus de la volonté de Dieu, est par soi-même contraire au grand principe de toute autorité; donc toute loi contraire à une religion dont Dieu seul est l'auteur est une loi contraire à l'autorité, à son vrai principe et à l'intérêt même de tout gouvernement.

5°. Quels que soient les rapports de la religion et de l'état, cette religion seule est ennemie de la patrie, dont les dogmes contraires au principe de toute autorité, appellent la révolte, l'insubordination et l'anarchie; l'état ne peut poursuivre à force armée qu'une religion ennemie de la patrie; donc la seule religion à repousser par la force des armes, sera la religion dont les dogmes ou les héros invitent à la sédition, et renversent les principes de toute autorité ; donc tout individu paisible dans l'état, soumis aux loix, soumis à toute l'autorité publique, ne semant point l'erreur, ne troublant point les peuples, quelle que soit sa secte, aura droit lui-même à la tranquillité publique.

6°. Sans attaquer de front l'autorité, toute erreur religieuse, en devenant publique, compromet tôt ou tard le repos des peuples ; à la liberté seule de répandre l'erreur, d'attaquer impunément la religion de la société, succèdent tôt ou tard le mépris de la vérité même, et le mépris de la religion toujours suivi de près du mépris de toute autorité et de son vrai principe ; donc le gouvernement intéressé à maintenir le respect pour l'autorité, et son principe, aura, par cela seul, le droit de s'opposer à la publicité de tonte erreur contraire à la religion.

6o. Quel que soit l'intérêt de létat à maintenir la religion dans toute sa pureté, les dogmes religieux dictés par l'état seul ne seront jamais que la religion de l'homme ; il n'appartient pas à l'homme de se donner lui-même une religion, un culte, d'enchaîner les consciences à ses dogmes. Donc toute religion uniquement fondée sur les loix de l'état ne sera qu'une religion nulle dans son principe ; donc toute autorité civile est elle-même nulle, et quant au culte et quant aux dogmes religieux ; donc toute la puissance, tous les droits et les devoirs du gouvernement, quant à la religion, se réduisent à protéger, à maintenir les dogmes et les loix de la puissance religieuse.

Cette puissance vraiment religieuse, un Dieu seul a pu l'établir sur la terre, comme seul il a pu établir l'autorité de l'homme sur l'homme, quant aux objets temporels. Un Dieu seul a pu déterminer et le culte qui lui est agréable, et les dogmes par lesquels il captive la foi des mortels. Seul il a pu établir sur la terre

une

une puissance législative, et quant à sa religion et quant à ses ministres, pour ce qui a rapport à sa religion. Il pouvoit réunir les deux puissances; dans leur nature et leur objet, rien n'exigeoit cette réunion sur la tête des mêmes hommes. Autant un intérêt purement spirituel diffère d'un intérêt purement temporel, autant un Dieu a pu mettre de différence dans les autorités relatives à ce double intérêt; par le fait, il les a séparées sans les subordonner quant à l'objet qui les caractérise; donc la puissance spirituelle et la puissance temporelle seront chacune souveraines dans leur département; donc l'autorité civile sera nulle quant aux objets purement religieux, comme l'autorité religieuse est nulle quant aux objets civils; donc toute puissance religieuse sera soumise à la puissance civile quant aux objets temporels, comme tout citoyen; donc toute puissance civile sera soumise à la puissance religieuse quant aux objets religieux comme tout véritable adorateur.

La puissance religieuse est toute pour les cieux ; donc toutes ses loix relatives à l'administration civile seront nulles par elles-mêmes. Ses moyens n'atteignent que les ames ; donc toute résistance à force armée contre la puissance civile pour fait de religion, sera contraire à la nature même de la puissance religieuse. Elle offrira le ciel à ses héros ; et la mort pour ses loix l'ouvrira à ses martyrs ; le sang qu'ils répandroient en résistant au prince en feroit des rebelles ; donc toute guerre civile religieuse des sujets contre le souverain, sera une violation de tous les droits et de tous les principes contre la nature même des autorités.

La puissance civile est toute pour ce monde ; les loix qu'elle feroit sur le dogme, le culte, les objets religieux, n'atteignent point les ames ; donc le sceptre et son glaive élevés contre la puissance religieuse, seront par leur nature même une déviation d'autorité. Ses licteurs pourront faire des apostats ; ses décrets ne feront pas de vrais croyans. Donc toute contestation à force armée, entre les deux puissances, sur des objets religieux, montreroit d'un côté le droit du glaive usurpé par la puissance religieuse, et de l'autre, le droit de l'autel usurpé par la puissance civile.

Toute usurpation réciproque de de ces deux puissances tendroit à troubler l'ordre et la tranquillité de la société ; leur concours embrasse seul tout l'homme, toute la société et tous ses intérêts ; donc il est du devoir de ces deux puissances de réunir tous leurs moyens et de se seconder pour le bonheur de la société ; donc l'ennemi de l'une ou de l'autre puissance, sera également l'ennemi de la société.

Quand les passions prévalent dans le gouvernement, quand les loix de l'homme contrarient les loix de la religion, autant le droit de Dieu l'emporte sur le droit des mortels, autant les loix de Dieu, de sa religion, l'emporteront sur toute loi humaine, et le salut de l'homme sur le gouvernement; donc la fidélité du citoyen, du peuple et du gouvernement aux loix de Dieu et de sa religion, est le devoir du citoyen, du peuple, du gouvernement, supérieur à tout autre devoir. Donc comme toute l'autorité de l'homme a son principe dans Dieu, toute l'autorité de l'homme est nulle contre Dieu et sa religion.

Telle est l'intime liaison de la nature même de l'autorité, de son objet essentiel, des devoirs qu'elle impose et des droits qu'elle crée. Nous avions annoncé que notre théorie, pour renverser le fantôme du jour, n'en seroit pas moins propice à ce principe de tout gouvernement, que le salut du peuple est la suprême loi; parcourez et classez ces droits et ces devoirs, conséquences directes, invincibles de nos démonstrations. Quel en sera le résultat ? L'intérêt d'un simple membre de la société le cédera à l'intérêt des chefs ; celui des chefs, s'il est jamais contraire à celui du gouvernement, le cédera à l'intérêt du gouvernement ; le gouvernement même, s'il le faut, cédera au salut du peuple. Le citoyen mourra pour le monarque ; le monarque pour la monarchie ; la monarchie, s'il le faut, pour le salut du peuple. Dans le salut du peuple enfin, l'intérêt éternel de sa religion, l'emportera sur le salut du jour. C'est ainsi que dans le vrai systême de toute autorité, de toute souvereraineté, sans flatter l'orgueil du peuple, sans exister par lui, toute autorité, toute souveraineté existera pour lui. C'est ainsi que le peuple ne tiendra point un sceptre dont il ne peut user qu'en le brisant ; mais c'est ainsi que jamais souverain ne recevra ce sceptre ; ne pourra en user que pour sauver le peuple.

BARRUEL.

Note sur le Contrat Social de Jean-Jacques Rousseau.

Je n'ai pas cru devoir interrompre le cours de ce traité pour réfuter les erreurs dont le philosophe Génevois a fait la base de son fameux *Contrat Social*. Si quelques-uns de mes lecteurs avoient encore besoin de cette réfutation, on peut la leur fournir en peu de mots.

Tout le systême de Jean-Jacques porte sur trois erreurs fondamentales. La première est dans la manière même dont il pose son grand problême. Voici ses expressions mêmes, livre premier, chapitre 6.

« Trouver une forme d'asso-
» ciation qui défende et protège
» de toute la force commune la
» personne et les biens de chaque
» associé, et par laquelle chacun
» s'unissant à tous, *n'obéisse pour-*
» *tant qu'à lui-même, et reste*
» *aussi libre qu'auparavant? Tel*

» *est* continue Jean-Jacques, *le problême fondamental dont le Contrat Social donne la solution* ».

Si notre philosophe, en posant ainsi son problême, a voulu le rendre applicable à tout contrat social, il a confondu l'objet essentiel de ce contrat avec la manière de le remplir. Cet objet sans doute est la protection de chaque citoyen par la force commune; cet objet est le *salut du peuple*. Mais ce peuple en se réunissant, ne veut-il son salut qu'à condition que chacun en s'unissant à tous *n'obeisse pourtant qu'à lui-même, et reste aussi libre qu'auparavant?* Il peut bien se trouver un fou qui aimera mieux périr dans la rivière, en *n'obéissant qu'à lui-même*, que se sauver, en faisant la volonté d'un autre; mais assurément tous les citoyens n'ont pas cette folie. Ce que veut le peuple, c'est son salut; il le veut absolument et nécessairement. Mais ce salut, qu'il le trouve en faisant sa volonté, ou bien en obéissant à une autre volonté, cela tient aux moyens, et non pas à l'objet essentiel de la société; et certainement ces moyens comparés à l'objet même sont fort indifférens. Sauvez le peuple, et faites son bonheur ; voilà ce qu'il demande dans tout Contrat Social ; mais le laisser périr plutôt que le sauver par des loix qu'auroit faites un sénat, qu'auroit faites un monarque, et auxquelles le peuple ne feroit qu'obéir ! c'est une absurdité qui jamais n'entra dans la tête du peuple. Elle n'en devient pas plus raisonnable pour avoir passé par la cervelle d'un philosophe. C'est pourtant sur cette absurdité que porte tout le *Contrat Social* du Génevois. Il veut bien que chacun trouve son salut par le pacte social ; mais il faut que chacun y trouve son salut en *n'obéissant qu'à lui-même* ; s'il s'agit de le faire en obéissant à un autre, plus de salut, et plus de pacte social ; il faut aller errer de nouveau dans les bois avec les ours et avec les loups.

Comment un ouvrage qui porte tout entier sur cette absurdité, puisque c'est là son *problême fondamental*, a-t-il pu éblouir tant de lecteurs? Je l'expliquerois bien; mais il faudroit dire aux uns : vous lisez avec si peu de réflexion, que vous êtes très-faciles à tromper; et aux autres : vous lisez avec de si mauvaises intentions, que vous seriez fâché de n'être pas trompés. Vous n'aviez qu'à arrêter Jean-Jacques sur l'énoncé même de son problême; vous n'aviez qu'à lui montrer dans cet énoncé la plus fausse et la plus absurde des suppositions; et tout son systême se trouvoit réfuté, et son Contrat Social n'étoit qu'une chimère.

Sans doute, s'il n'y a ni salut ni contrat social qu'autant que chacun n'obéira qu'à lui-même, la loi ne peut plus être que l'expression de la volonté générale, puisque celui qui n'auroit pas voulu la loi, *n'obéiroit plus à lui-même* en obéissant à la loi; mais contentez-vous de définir la loi : ce qui est prescrit à tous par l'autorité légitime pour le salut de tous;

aurez-vous besoin alors de cette expression de la volonté générale pour trouver la loi ? Voilà comme une erreur coule d'une autre erreur ; comme cette définition de la loi, volonté générale, dérive uniquement de la fausse supposition insérée par notre philosophe dans son problême fondamental ; de cette absurde supposition, que l'objet du Contrat Social n'est pas simplement le salut du peuple, mais ce salut opéré en suivant la volonté du peuple, et par des moyens uniquement dictés par le peuple, et qui plus est, par chaque individu Car il est évident que si par le contrat social chacun n'est obligé *d'obéir qu'à lui-même*, il n'y a plus de loi pour celui qui ne l'a pas consentie, et qui ne la veut pas. Il n'y a plus de majorité qui l'emporte sur la minorité, ni sur l'individu ; puisqu'en obéissant à une loi de la majorité, contre sa propre volonté, l'individu évidemment ne s'obéiroit plus à lui-même; puis qu'évidemment encore cet individu obligé d'adhérer à la loi de la majorité, ne resteroit plus *aussi libre qu'auparavant*, c'est-à-dire, qu'avant le Contrat Social. Voilà le plus absurde des *veto*, le *veto* Polonois, conséquence directe et immédiate du Contrat Social de notre philosophe. Pour que la loi existe, il faut, ou massacrer l'individu opposant, ou bien qu'il renonce à la société. Car tant qu'il en seroit membre, il n'obéiroit plus à lui-même en obéissant à la loi ; le contrat social seroit rompu.

Voyez encore comment une autre erreur emmène une autre erreur dans ce fameux contrat social.

L'absurde supposition qu'il n'y a point de salut du peuple à chercher, et qu'il faut renoncer au contrat social dès que quelqu'un doit obéir à un autre qu'à soi, conduit à cette fausse définition de la loi qui en fait essentiellement l'expression de la volonté générale ; cette seconde erreur ne laisse voir à Jean-Jacques d'autre souverain que le peuple. Arrêtez le philosophe dès-l'instant où il pose son problême; faites lui voir que tout est dit quand le peuple est heureux et sauvé ; que fort peu importe qu'il le soit en s'obéissant à lui-même, ou bien en obéissant à un autre ; faites-lui voir qu'il peut en être d'un peuple comme d'une famille, qui n'en est pas moins heureuse quoiqu'elle ne le soit qu'en obéissant à son chef ; n'allez pas même chercher s'il est possible que des millions d'individus fassent un peuple heureux, eu n'obéissant qu'à eux-mêmes ; il suffira que le peuple puisse trouver son bonheur sous les loix d'un conseil ou d'un monarque, pour que la loi ne soit plus essentiellement l'expression de la volonté générale. Cette seconde erreur détruite, vous en avez détruit une troisième, celle de la souveraineté essentiellement existante dans le peuple ; puisqu'on vous le dit essentiellement souverain, parce qu'on lui attribue, comme essentiel, le droit de faire la loi et de n'obéir jamais qu'à lui-même.

Remarquez même qu'il y a ici

un cercle vicieux ; car si vous demandez pourquoi le peuple est souverain, on vous dira : parce qu'il a seul droit de faire la loi. Demandez ensuite pourquoi il a seul droit de faire la loi, on vous dira : parce qu'il est seul souverain. Tout cela va se fondre dans cette première supposition, que par le contrat social chacun s'unit à tous pour être heureux, mais pour ne l'être *qu'en n'obéissant qu'à lui-même*. C'étoit-là ce qu'il falloit commencer par démontrer ; mais chercher à le démontrer, c'étoit courir grand risque de faire observer que tout le Contrat Social portoit sur cette supposition. Le Génevois a mieux fait ; fort adroitement il a inséré cette supposition comme démontrée dans la position de son problême fondamental. On ne s'est pas avisé de l'arrêter dans la position même de son problême ; il est allé en avant, et on s'est trouvé embarassé pour le réfuter.

Ce n'est pas assurément qu'il n'y ait bien d'autres vices dans ce prétendu *Contrat Social*. C'en est un bien étrange que d'avoir tant parlé du peuple souverain, de son autorité, sans avoir seulement examiné ce que c'est que l'autorité, la souveraineté; que de croire le peuple seul souverain, uniquement parce qu'il auroit suffrage pour les loix, comme si le devoir de veiller sur l'exécution des loix, le pouvoir et le droit de poursuivre et faire poursuivre les infracteurs, ne faisoient pas partie de la souveraineté. C'est un bien petit tour d'adresse, que de réfuter vigoureusement ceux qui mettent le droit dans la force, pour mettre soi-même l'autorité dans la multitude, comme si le nombre des bras étoit autre chose que la force. C'est insulter à ses lecteurs que leur donner quelques sarcasmes, quelques épigrammes sanglantes pour toute réponse à des opinions qu'on ne prend pas la peine d'approfondir; et d'aller ensuite en avant comme si on les avoit solidement réfutées. C'est ainsi que le Génevois croit avoir tout dit contre l'autorite qui vient de Dieu, en disant que la maladie en vient aussi; comme si les causes secondaires qui nous donnent la fièvre, suffisoient pour rendre la volonté d'un homme, supérieure à l'homme son égal; comme si le même agent produisoit par des causes purement physiques, un objet tout moral, tel que l'autorité, comme il produit par ces causes purement physiques et secondaires, ou la fièvre, ou la pluie, et la foudre et les tempêtes. C'est ainsi encore que le Génevois croit avoir tout dit contre l'autorité dérivée dabord du droit paternel, en souriant avec mépris, et sur le roi Adam, et sur le roi Noë; comme si l'idée la plus utile qu'on puisse donner des princes, n'étoit pas d'en faire les pères du peuple; comme s'il étoit possible de concevoir sans une action bien expresse de la Divinité, ou Adam, ou Noé, soumis à la volonté et à l'autorité de leurs enfans. C'est une atrocité dans le Genevois, que ces objections pillées dans Bayle, pour faire regarder le christianisme comme peu favorable aux vertus patriotiques ; mais c'est une ineptie en politique comme en religion, que de substituer au christianisme une religion purement civile, c'est-à-dire, une religion qui n'ayant de base que la volonté de l'homme n'inspireroit que le mépris pour elle-même, les soupçons et la méfiance contre le magistrat qui en seroit l'auteur, ou en exigeroit l'observation.

J'aurois un livre à faire sur les erreurs de ce soi-disant Contrat Social. En voilà plus qu'il n'en faut pour montrer combien il est vicieux dans sa base et ses détails.

LIVRES NOUVEAUX.

Sur le Serment du 16 novembre 1791, qui sont imprimés chez CRAPART.

N. B. Pour se procurer ces ouvrages, francs de port, par la poste, il faut ajouter au prix indiqué, 2 sols par chaque feuille d'impression.

Lettre des professeurs en théologie de Sorbonne et Navarre, à MM. les administrateurs du directoire du département de Paris, sur le nouveau serment; une feuille in-8. 3 s.

Le piège découvert, ou questions importantes sur le serment décrété le 16 novembre 1791, par un docteur de la faculté de théologie de Paris. Troisième édition, considérablement augmentée. Une feuille in-8. 3

Développement du second serment appellé civique, par M. l'abbé Barruel. Une feuille in-8. 2

Lettre à M. l'abbé Royou, en réponse à son opinion sur le nouveau serment exigé de tous les ecclésiastiques. Une feuille in-8. 3

Lettre au Roi, par un des aumôniers de sa majesté, sur le serment. Une feuille in-8. 3

Epître catholique par M. N. S. Guillon, prêtre, à MM. . . . . sur le nouveau serment. Deux feuilles in-8. 6

M

Examen impartial et raisonné du serment civique. Une feuille un quart in-8. 4 s.

Ne vous y trompez pas, ou réflexions sur le nouveau serment exigé par le décret du 16 novembre 1791, de tous les ecclésiastiques non-assermentés. Une feuille in-8. 3 s.

Autres livres nouveaux sur les affaires présentes de l'église de France.

Abrégé chronologique, pour servir à l'histoire de l'église Gallicanne, pendant la tenue de l'assemblée nationale. 5 feuilles in-8. 80 pages. 1 l.

Adresse aux Vierges et religieuses chrétiennes de France, par M. Pottier: une feuille et demie in-8. ou 24 pages. 5 s.

Adresse aux vrais catholiques de France par M. Pottier, auteur de l'adresse aux Vierges chrétiennes; troisième édition. 3 feuilles in-8. 48 pages. 10 s.

Amende honorable à Dieu et à Sainte Géneviève. 12 pag. in-8. 2 s.

Apologie des brefs du Pape Pie VI, ou lettre adressée à M. Linguet, à l'occasion des réflexions qu'il a faites dans le numéro 166, du tome 18 de ses Annales, sur les brefs du pape des 10 mars et 13 avril 1791. 3 feuilles in-8. ou 44 pag. in-8. 9 s.

Apologie du clergé de France, ou commentaire raisonné sur l'*instruction pastorale* de l'assemblée nationale, concernant l'organisation civile du clergé. Deuxième édition revue et augmentée par l'auteur. 8 feuilles, 130 pag. in-8. 1 l. 4 s.

Avis aux vrais catholiques, ou conduite à tenir dans les circonstances actuelles, en réponse aux cinq questions suivantes : 1o. Que doivent faire les électeurs. 2o. Que doit faire l'ecclésiastique élu. 3o. Que doit faire le pasteur déplacé. 4o. Que doivent faire les autres ecclésiastiques. 5o. Que doivent faire les simples fidèles. Cinquième édition augmentée par l'auteur. 2 feuilles et demie, ou 40 pag. in-8. 8 s.

Béatification de Madame Acarie, dite en religion, sœur Marie de l'Incarnation, converse et fondatrice de l'ordre des Carmelites de France, par notre Saint Père Pie VI, pièces principales, traduites du latin et de l'italien, avec un extrait de la vie de la bienheureuse, avec notes. On y a joint le latin. 3 feuilles ou 52 p. in-8. 12 s.

Bref du Pape, aux cardinaux, archevêques et évêques de France, latin et francais, donné à Rome, le 13 avril. 3 feuilles et demie, ou 56 pages in-8. 8 s.

Bref du Pape à l'archevêque d'Avignon, aux évêques de Carpentras, Cavaillon et Vaison, au clergé, au peuple d'Avignon et du Comtat Venaissin, donné à Rome, le 23 avril 1791, latin et français, in-8. 52 pag. 9 s.

Extrait des brefs du Pape Pie VI, sur la constitution du clergé, à l'usage des simples fidèles. 1 feuille et demie. 24 pag. in-8. 6 s

Grand jugement de la mère Duchesne, et nouveaux dialogues. 1 feuille et demie ou 24 pag. in-8. 6 s.

Jean-Jacques Rousseau, aristocrate. 7 feuilles, ou 112 pag. in-8. 1 l.

Lettre pastorale de l'évêque d'Amiens, sur l'intrusion du sieur Desbois de Rochefort. 1 feuille et demie. 36 pag. 12 6 s.

Lettre pastorale et ordonnance de M. l'évêque de St. Paul de Léon, au au clergé séculier et régulier, et à tous les fidèles de son diocèse. 2 feuilles, ou 32 pag. iu-8. 6 s.

Lettre à M. Gobel, évêque titulaire de Lidda et intrus de Paris. 10 feuilles in-8. ou 160 pag. 30 s.

On vend séparément la cinq et sixième 12 s.

Lettre à M. Villard, évêque constitutionnel à Laval. 1 feuille et demie ou 24 pag. in-8. 5 s.

Lettre à M. l'évêque de Viviers, ou réfutation de celle qu'il a publiée dans son diocèse et du discours qu'il a pronoucé pour justifier son serment civique. 5 feuilles ou 80 pag. in-8. 18 s.

www.ingramcontent.com/pod-product-compliance
Ingram Content Group UK Ltd.
Pitfield, Milton Keynes, MK11 3LW, UK
UKHW020555230726
13926UKWH00005B/2026

9 782016 134207